Nordrhein - Westfalen

Niedersachsen

Thüringen

Kassel

Waldeck-

KS

Kassel

Werra-

Korbach

Eschwege

Schwalm-

Meißner-

ESW

Kreis

KB

Homberg

Frankenberg

Eder-

Fulda

HEF

HR

Kreis

Hersfeld-Rotenburg

Bad Hersfeld

MR

Marburg-Biedenkopf

Marburg

Vogelsbergkreis

Lahn-Dill-

VB

L

Lauterbach

Kreis

Gießen

Fulda

Fulda

Gießen

GI

Wetzlar

FD

Limburg-

LM

Limburg

Weilburg

Wetteraukreis

Hochtaunus-

Friedberg

FB

HG

Bad Homburg

HU

Main-Kinzig-Kreis

Rheingau-

kreis

Bad Schwalbach

Hanau

Main-

Frankfurt

Taunus-

Wiesbaden

F

Taunus-

F. Höchst

RÜD

WI

Kreis

Offenbach

Kreis

Bayern

MTK

Offenbach

OF

Groß-

Groß-Gerau

Darmstadt

GG

Gerau

Darmstadt-

DA

Dieburg

Rheinland-Pfalz

Odenwald-

Erbach

Bergstraße

ERB

Heppenheim

HP

kreis

Verwaltungsgliederung

1 : 1 250 000   0   10   20   30 km

Wiesbaden Landeshauptstadt

Regierungsbezirke und Sitz des Regierungspräsidiums:

Darmstadt

Gießen

Kassel

Stadt- und Landkreise:

kreisfreie Stadt

Fulda Landkreis

Sitz der Kreisverwaltung

F Kfz-Kennzeichen

aus: ALEXANDER Kleiner Atlas Hessen, KLETT-PERTHES Gotha und Stuttgart, Stuttgart 1993.

INHALT

Seite

Sachunterricht
DER TAUSENDFÜSSLER

4. Schuljahr
Ausgabe Hessen

Erarbeitet von Rolf Siller, Wolfgang Klier,
Reinhold Müksch, Bernd Rechel,
Elke Kohlwey, Edelgard Moers, Rüdiger Horn

Illustriert von Wolfgang Metzger, Michael Schmölzl,
Heike Wiechmann und Hans-Günther Döring

Unter Mitwirkung von
Bärbel Spremberg und
Gisela Makatsch

 Auer Verlag GmbH

Mein Vater ist bei der Feuerwehr! Bestimmt können wir einmal die Feuerwache besuchen und vielleicht sogar auf dem Feuerwehrauto mitfahren!

Nico

Schon seit 3 Jahren sammle und presse ich Pflanzen. Kann ich meine Sammlung einmal vorstellen?

Bastian

Ich kenne den Lokalreporter der Heimatzeitung. Ich frage ihn, ob er uns in der Schule einmal besucht!

Katrin

Die Klasse kann am Schuljahresende eine Ausstellung machen oder ein Heimatbuch oder eine Wandzeitung!

Damit nichts verloren geht, tragen die Schüler, was immer sie finden, in Sammelmappen und Materialkästen zusammen: Zeitungsausschnitte, Prospekte, Bilder, Poster, eigene Ideen, Berichte und Zeichnungen.
Alles, was sie finden und sie interessiert, wird geordnet und aufbewahrt.

Im 4. Schuljahr macht ihr die **Radfahrprüfung.** Damit ihr fit seid, übt ihr mit auf den Seiten 88–91.

Auf den Seiten 84–87 könnt ihr lernen, wie man eine **Schülerzeitung** macht.

NOTRUF 112

Aber nur wenn's wirklich brennt! Mehr übers **Feuer** auf den Seiten 72–77.

Und dass Energie und Müll wichtige Themen sind, werdet ihr auf den Seiten 78–83 feststellen.

das 4. Schuljahr

Schlaue Leute kennen sich aus in ihrer Heimat! Was ihr über euer **Umland** erkunden könnt, steht auf den Seiten 8–29. Bringt von euren Ausflügen Prospekte und Bilder mit.

ERINNERUNGEN AN UNSERE SCHULZEIT

Grundschule ade! Welches ist die richtige **Schule** für dich? – Mehr darüber auf den Seiten 30–33.

Kennst du den **Arbeitsplatz** deines Vaters oder deiner Mutter? Und wie wird andernorts gearbeitet? Seite 34–41.

Kinder, die **gute Freunde** haben, brauchen vor niemand Angst zu haben. Mehr darüber Seite 42–49.

Hat dich im Winter schon einmal eine Schnake gestochen? Sicher nicht! Aber wo sind sie geblieben? Jedes **Tier** stellt sich anders auf den Winter ein. Mehr darüber und anderes Interessantes über Pflanzen und Tiere auf den Seiten 50–71.

> Uno, dos, tres, cuatro, cinco, seis, siete, ocho, nueve, diez

> Een, twee, drie, vier, vijf, zes, zeven, acht, negen, tien

Die großen Ferien sind vorbei. Am ersten Schultag nach den Ferien erzählen die Kinder von ihren Erlebnissen. Claudia war mit ihren Eltern in Griechenland. Nico war in Spanien, Bastian war in den Niederlanden und Katrin war in Irland. Sie zeigen den anderen, wie die Flaggen dieser Staaten aussehen. Einige Kinder haben gelernt in der Sprache des Urlaubslandes bis zehn zu zählen.

Sabine berichtet, dass in ihrem Urlaubsland Österreich Deutsch gesprochen wird. Trotzdem hatte sie manchmal Schwierigkeiten, alles zu verstehen.
Einige Kinder haben auch in Deutschland Urlaub gemacht. Kim und Alex haben zu Hause ganz toll ihre Ferien verlebt und erzählen von ihren abenteuerlichen Fahrradtouren mit ihren Eltern.

Die Kinder der Klasse gestalten ein Europa-Memory, bei dem immer zwei Karten zusammen gehören. Auf die eine Karte schreiben sie den Namen des Staates und das Nationalitätskennzeichen auf und malen die Flagge dazu. Auf die zweite Karte schreiben sie die Hauptstadt.

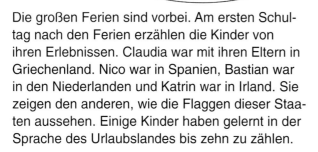

Spielanleitung:
Legt alle Karten mit dem Bild nach unten auf den Tisch. Bestimmt ein Kind, das beginnen soll. Dieses deckt eine Karte auf. Hat es eine Länderkarte, so sucht es eine passende Hauptstadtkarte. Hat es eine Hauptstadtkarte, dann sucht es die passende Länderkarte. Wer die meisten Pärchen gefunden hat, hat gewonnen.

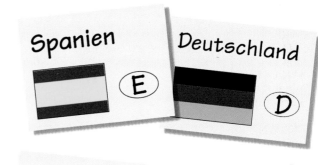

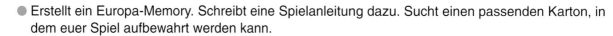
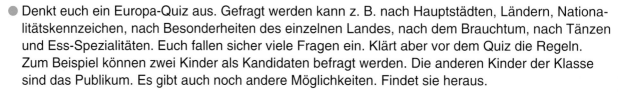

● Erstellt ein Europa-Memory. Schreibt eine Spielanleitung dazu. Sucht einen passenden Karton, in dem euer Spiel aufbewahrt werden kann.

● Denkt euch ein Europa-Quiz aus. Gefragt werden kann z. B. nach Hauptstädten, Ländern, Nationalitätskennzeichen, nach Besonderheiten des einzelnen Landes, nach dem Brauchtum, nach Tänzen und Ess-Spezialitäten. Euch fallen sicher viele Fragen ein. Klärt aber vor dem Quiz die Regeln. Zum Beispiel können zwei Kinder als Kandidaten befragt werden. Die anderen Kinder der Klasse sind das Publikum. Es gibt auch noch andere Möglichkeiten. Findet sie heraus.

● Spielt das Spiel „Stadt – Land – Fluss". Wer kennt die Spielregeln?

ein Staat in Europa

- Erstellt ein Quartett. Vier Karten gehören immer zusammen. Auf der ersten Karte steht ein Wort oder auch ein Gruß in deutscher Sprache, auf den weiteren Karten steht das Wort oder der Gruß in drei anderen Sprachen.

Eis	helado	gelato	glace
Guten Tag	Buenos días	Buongiorno	Bonjour
Auf Wiedersehen	adiós	Arrivederci	Au revoir

- Um welche Sprachen handelt es sich bei diesem Beispiel?
- Versucht in mehreren Sprachen bis zehn zu zählen.
- Malt auf eurem Schulhof Hinkelspiele in mehreren Sprachen. Bastian hat einen Hinkelkasten mit niederländischen Wochentagen gemalt.

```
          vrijdag
zaterdag  zondag  donderdag
          woensdag
          dinsdag
          maandag
```

Kennt ihr andere Spielregeln?

Spielanleitung:
Ein Kind wirft das Klötzchen auf maandag. Es überspringt maandag auf einem Bein und hüpft rechts herum bis zondag. Dabei nennt es laut die Namen der Tage. Auf zondag darf es auf beiden Beinen ausruhen. Dann hüpft es über woensdag auf dinsdag, hebt das Klötzchen auf und überspringt maandag. Danach wird das Spiel mit Beginn bei dinsdag fortgesetzt. Liegt das Klötzchen auf zondag, darf sich das Kind nicht ausruhen.

Mit spanischen (und natürlich deutschen, englischen …) Wochentagen ist das Spiel ebenfalls möglich: Lunes – Martes – Miércoles – Jueves – Viernes – Sábado – Domingo.

- Sammelt Kochrezepte und Anleitungen für Tänze aus verschiedenen Ländern.
- Schließt die Augen und macht eine Fantasiereise durch verschiedene Länder. Schreibt eure Abenteuer auf und stellt die Geschichten zu einem Buch zusammen.
- Kinderbuchautorinnen und -autoren aus vielen Ländern Europas haben für euch geschrieben, z. B. Enid Blyton über die fünf Freunde, Astrid Lindgren über Pippi Langstrumpf, Antoine de Saint-Exupéry über den kleinen Prinzen, Selma Lagerlöf über Nils Holgersson, Carlo Collodi über Pinocchio und Erich Kästner über Emil und die Detektive.
  Findet heraus, aus welchen Ländern die Autoren stammen.
- Kennt ihr noch mehr ausländische Autorinnen und Autoren und deren Kinderbücher?

Mit Karte und Kompass

Die Klasse 4b plant einen Wandertag. Die Schülerinnen und Schüler möchten diesmal die Umgebung von Wetzlar erkunden. Im Verkehrsamt haben sie Tipps bekommen.

Sie überlegen:
- ● Welche Ausflugsziele könnten besonders interessant sein?
- ● Wie kommt man dorthin?

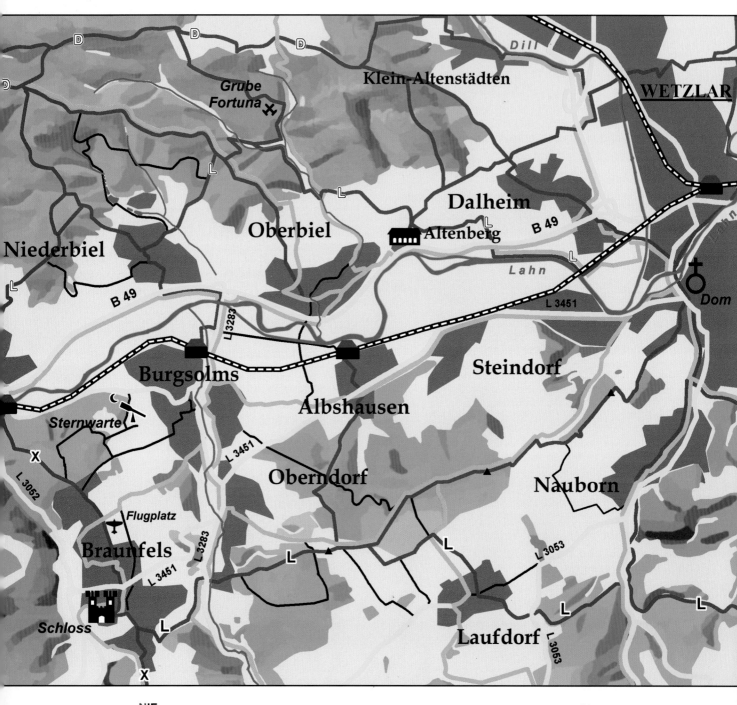

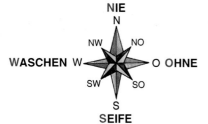

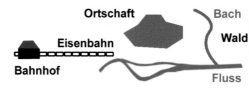

Maßstab 1 : 50 000
1 cm der Karte entspricht 500 m der Natur

Gruppe 1 möchte in der **Kreisstadt Wetzlar** bleiben. Dort gibt es viel zu entdecken!

Gruppe 2 möchte zur **Grube Fortuna.** Das ist ein Bergwerk, das man besichtigen kann. Mit dem Förderkorb geht es 150 Meter hinab in die Tiefe. Die Grube befindet sich nördlich von Oberbiel. Die Schülerinnen und Schüler wollen von Wetzlar aus dorthin wandern.

Auch die **Gruppe 3** möchte wandern. Aber nicht ganz so weit: Westlich von Wetzlar ist das **Kloster Altenberg.** Es wurde vor langer Zeit von einer Tochter der heiligen Elisabeth gegründet. Vom Kloster aus hat man einen sehr guten Blick auf eine Lahnschleife.

Gruppe 5 hat in Braunfels das Schloss besucht und wandert jetzt zurück in Richtung Lahn. Dabei benutzen die Kinder aber nicht die Landstraße, sondern den **Wanderweg,** der mit einem schwarzen X gekennzeichnet ist. 900 Meter, nachdem sie die Landstraße überquert haben, sehen sie einen **Segelflugplatz.** Der Weg macht einen leichten Bogen nach links. 450 Meter hinter dem Flugplatz, kurz vor dem **Waldrand,** gehen sie nach rechts in eine Straße, die nach Nordosten führt. Nach 600 Metern biegt die Gruppe nach links ab. An der nächsten **Wegkreuzung** geht es wieder nach rechts. Jetzt sind es keine 500 Meter mehr und die Kinder sehen auf der linken Seite ihr Ziel. Weißt du, wo sie sind?

Tipp: In klaren Nächten kann man hier einen Großen und einen Kleinen Bären sehen!

Die Schülerinnen und Schüler der **Gruppe 4** wollen erst ein Stück mit dem Zug fahren und dann nach **Braunfels** wandern. Schon aus großer Entfernung kann man südlich der Lahn das **märchenhafte Schloss** sehen. Hier gibt es Führungen extra für Kinder und sogar ein Schlossgespenst ist mit dabei.

Auch diese Karte zeigt Wetzlar und seine Umgebung!

Maßstab 1 : 50 000

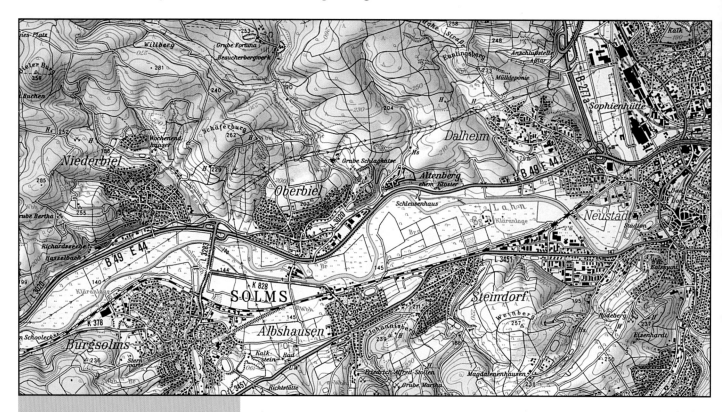

Dies ist eine topografische Karte. „Topografisch" bedeutet, dass hier die Oberfläche der Erde ganz genau beschrieben wird. Wenn du die Bedeutung der Zeichen kennst, kannst du in dieser Karte lesen wie in einem Buch!

- Die kleinen Zahlen im Gelände sind Höhenangaben und auch die braunen Linien zeigen den Höhenverlauf an. Hast du schon die höchsten Punkte gefunden? Die tiefsten? Wo geht es besonders steil bergauf?
- Das Gebiet von Lahn und Dill ist bekannt für seinen früheren Bergbau. Findest du die Spuren?
- In der Nähe von Bahnlinien und wichtigen Straßen findet sich häufig eine regelmäßige Bebauung mit großen Gebäuden. Was könnte das sein?
- Vor allem entlang der Lahn siehst du einen breiten Streifen mit Wiesen. Warum stehen hier wohl keine Häuser?

- Der Teil einer Karte, in dem die Zeichen erklärt werden, heißt **Legende**. Beim Drucken dieser Legende hat es Probleme gegeben. Überlege anhand der Karte, welche Zeichen und Erklärungen fehlen. Schreibe die Lösungen in dein Heft!

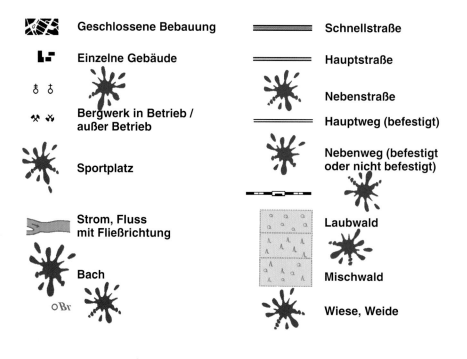

Topografische Karte mit Genehmigung des Hessischen Landesvermessungsamtes vervielfältigt.

Karten lesen

Wie weit ist es bis nach ...?

Gerade Strecken werden einfach mit einem Lineal gemessen. Für gekrümmte Strecken gibt es spezielle Messrädchen („Kurvimeter"), mit denen du die Karte abfahren kannst. Aber auch mit Hilfe eines Stechzirkels kannst du Entfernungen messen. Dazu musst du die Größe der Zirkelöffnung mit der Anzahl der Zirkelschläge multiplizieren. Dann hast du die Entfernung auf der Karte in cm.

Wenn du nun mit dem Lineal oder dem Zirkel die Strecke auf der Karte in cm gemessen hast, musst du auf den Maßstab achten.

Wenn die Karte zum Beispiel einen Maßstab von 1 : 50 000 hat (man sagt 1 zu 50 000), so heißt das:
1 cm der Karte entspricht 500 m der Natur.

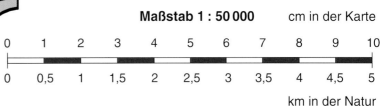

Maßstab 1 : 50 000   cm in der Karte

| 0 | 1 | 2 | 3 | 4 | 5 | 6 | 7 | 8 | 9 | 10 |

| 0 | 0,5 | 1 | 1,5 | 2 | 2,5 | 3 | 3,5 | 4 | 4,5 | 5 |

km in der Natur

Wo ist Norden?

Wenn du dich mit einer Karte draußen in der Natur orientieren willst, musst du die Karte zunächst „einnorden". Das heißt, dass Karte und Kompass in die gleiche Richtung zeigen müssen. Eigentlich ganz einfach: Die Kompassnadel zeigt immer nach Norden und bei einer Karte ist der Norden immer oben. Also legst du den Kompass so auf die Karte, dass seine Kante genau mit dem Kartenrand übereinstimmt. Jetzt drehst du die Karte mitsamt Kompass so lange, bis die Kompassnadel auf dem N(orden) steht. Die Karte ist jetzt „eingenordet".

Und ohne Kompass?

Auch ohne Kompass lässt sich eine Karte einnorden. Du brauchst dafür nur eine Armbanduhr mit Zeigern und die Sonne.

Halte die Uhr waagerecht. Dabei muss der kleine Zeiger zur Sonne zeigen. In der Mitte zwischen der 12 und dem kleinen Zeiger ist Süden. In der Gegenrichtung befindet sich der Norden.

Mittags um 12 Uhr steht die Sonne genau im Süden. Das gilt aber nur für die Winterzeit!

Die Klasse von Katrin, Nico und Bastian will in diesem Schuljahr ihren Heimatort und seine Umgebung näher kennen lernen.
Die Kinder haben schon darüber gesprochen, wo sie in ihrer Umgebung überall waren und was sie dort gesehen haben. Danach gab es Fragen über Fragen.

Die Schülerinnen und Schüler haben ihre Fragen gesammelt und anschließend geordnet. Nun können sie Gruppen bilden und die Arbeit verteilen. Die Kinder beschaffen sich ihr Material selbst, ordnen und werten aus.
Dasselbe könnt ihr auch in eurer Klasse tun. Bestimmt interessiert jeden von euch ein Thema besonders!

Wenn ihr die Gruppen gebildet habt, müsst ihr noch einmal genau überlegen und aufschreiben,
– was ihr erkunden wollt,
– woher ihr Informationen bekommen könnt,
– was ihr besorgen müsst (und wer euch dabei helfen kann),
– welche Aufgabe jeder übernimmt.

Auf dem neuen Radweg kann man jetzt bis zum Stadtpark sicher fahren!

Kennt ihr schon den Kinder- und Jugendtreff im Südturm?

Wie komme ich am besten zum Bahnhof?

Heute wollen wir auf den Bolzplatz!

Gruppe 1: Wohnen und arbeiten
– Wo und was arbeiten die Menschen in eurer Umgebung?
– Gibt es in eurer Umgebung Dörfer? Wie sehen sie aus?
– Wo befinden sich die größten Gebäude in eurem Ort? Wozu dienen sie? Macht eine Liste!
– Wie heißen die wichtigsten Betriebe? Wo befinden sie sich und was wird dort hergestellt? Kann man einen Betrieb besichtigen?

Gruppe 2: Über Berg und Tal
– Sammelt Landschaftsbilder und stellt sie aus!
– In welcher Großlandschaft liegt euer Ort?
– Notiert die bekanntesten Berge und Täler!
– Welche Bäche und Flüsse gibt es, wo entspringen sie, wo fließen sie hin?

Ihr könnt eurer Gruppe auch einen passenden Namen geben!

Gruppe 3: Aus alten Zeiten
– Sucht Spuren aus der Vergangenheit!
– Wo haben die Menschen früher gewohnt, wie haben sie früher gearbeitet?
– Besucht Museen und Baudenkmäler!
– Befragt Heimatforscher!
– Kennt ihr Sagen aus eurer Heimat? Sammelt sie!

Gruppe 4: Durch Wald und Flur
– Welche Baumarten und andere Pflanzen prägen das Bild eurer Landschaft?
– Wie sind Wälder, Äcker, Felder und Wiesen verteilt?
– Was bauen die Landwirte bei euch an?
– Wo gibt es Naturschutzgebiete?
– Sammelt Gesteinsproben!

Unsere Freizeitkarte ist noch nicht fertig.
Den Bahnhof, den Nordturm und die Kirche haben wir aber
schon eingezeichnet.

An den Zahlen kannst du erkennen, was
noch fehlt:
Spielplätze (1,3,12), Museum (2),
Schule (4), Kino (5), Sporthalle (6),
Bolzplatz (7), Stadtbücherei (8), Hallen-
bad (9), Freibad (10), Südturm (11),
Eisdiele (13) und Stadtpark (14).

● Besorge dir transparentes Papier und zeichne die
  Freizeitkarte ab!

● Überlege dir eigene Symbole! Welche Möglichkeiten
  gibt es noch?

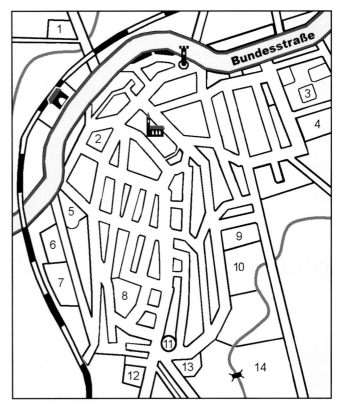

Ein Land mit vielen

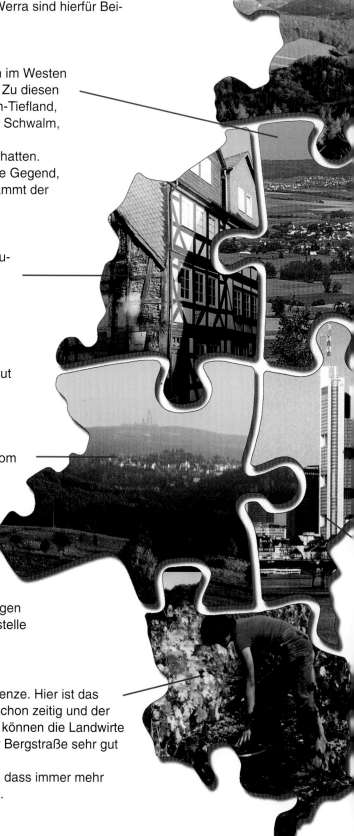

Berge. Eigentlich gehört Hessen zu den Mittelgebirgs-landschaften. Besonders schön sieht man das hier im Waldecker Bergland. Aber auch der Westerwald und der Taunus gehören zu den Bergländern. Auch im Osten sind sie zu finden. Der Vogelsberg, die Rhön und das Berg-land zwischen der Fulda und der Werra sind hierfür Bei-spiele.

Becken und Senken. Zwischen den Mittelgebirgen im Westen und im Osten befindet sich eine Senkenlandschaft. Zu diesen Tiefländern gehören beispielsweise das Rhein-Main-Tiefland, die Wetterau und die Westhessische Senke mit der Schwalm, Fritzlar und Kassel.
Im Fritzlarer Becken lebten in früheren Zeiten die Chatten.
m 8. Jahrhundert kam der Mönch Bonifatius in diese Gegend, um die heidnischen „Hessi" zu bekehren. Daher stammt der Name „Hessen"!

Fachwerk. Ihr findet es bei Wohnhäusern in der Stadt, bei Bau-ernhöfen und Scheunen, oft auch bei Kirchen und Schulen. In ganz Hessen sind Fachwerkgebäude stark verbreitet. Manch-mal werden die Gebäude sehr aufwendig erneuert. Man kann dann gut sehen, wie so ein Haus aufgebaut ist.
Tipp: In Neu-Anspach gibt es den „Hessenpark". Das ist ein Freilichtmuseum, in dem Gebäude aus verschiedenen hessi-schen Landschaften in ihrem ursprünglichen Zustand aufgebaut worden sind. So könnt ihr an einem Tag ganz Hessen durch-wandern!

Freizeit und Erholung. Wer sich auf dem Großen Feldberg vom Wind die Haare zerzausen lassen möchte, sollte an den warmen Pullover denken. Denn der Feldberg ist der höchste Berg im Taunus und in 878 Meter Höhe kann es ganz schön kalt werden!
In vielen Kurorten suchen die Menschen Erholung und zahlreiche Sehenswürdigkeiten machen den Taunus zu einem beliebten Freizeitgebiet. Besonders an Wochenenden sind Parkplätze und Lokale voll besetzt.
Weniger Glück hatten die Römer mit dem Taunus. Um sich gegen die Germanen zur Wehr setzen zu können, errichteten sie Kastelle und den Limes, eine befestigte Grenze mit Wachtürmen.

Obst und Wein. Im Süden bildet der Rhein eine natürliche Grenze. Hier ist das Klima sehr günstig: Der Winter ist mild, das Frühjahr beginnt schon zeitig und der Sommer ist warm. Wenn dann noch die Böden fruchtbar sind, können die Landwirte Obst, Gemüse und sogar Wein anbauen. Das könnt ihr an der Bergstraße sehr gut beobachten.
Vor allem in der Umgebung von Darmstadt seht ihr aber auch, dass immer mehr Flächen für große Betriebe oder zum Wohnen genutzt werden.

Gesichtern

Burgen und Schlösser. Das Bundesland Hessen ist in seiner heutigen Form erst nach dem Zweiten Weltkrieg entstanden. In der Vergangenheit hat es hier immer viele verschiedene kleine Länder gegeben, die alle von unterschiedlichen Herrschern regiert wurden, zum Beispiel von den Landgrafen von Hessen-Kassel, Hessen-Marburg und Hessen-Darmstadt. Deshalb findet ihr in Hessen auch besonders viele Burgen und Schlösser.

Kleine Städte. In Hessen gibt es nicht nur Großstädte wie Frankfurt, Wiesbaden, Darmstadt oder Kassel, sondern auch besonders viele kleine und mittelgroße Städte.
Hier gibt es zahlreiche Fachwerkhäuser und vielen Gebäuden sieht man an, dass sie einmal landwirtschaftlich genutzt worden sind. So manche Garage war zum Beispiel früher einmal eine Scheune. Die Einwohner dieser Städte arbeiteten als Handwerker oder Kaufleute und bewirtschafteten zusätzlich ihre Äcker und Felder. Deshalb werden solche Städte auch „Ackerbürgerstädte" genannt. Heute arbeiten jedoch nur noch wenige Menschen in der Landwirtschaft.

Naturparks und Naturschutz. Der Spessart gehört zu den hessischen Naturparks, die zusammen über ein Viertel des Landes bedecken. Hier können sich die Menschen erholen und gleichzeitig sollen die Landschaft und die Natur erhalten werden.
In manchen Gebieten müssen aber die Pflanzen und Tiere besonders streng geschützt werden. Hier heißt es dann „Betreten verboten!"
In den Parks findet ihr nicht nur Wanderwege mit Rasthütten oder Ruhebänken. Es gibt auch viele Möglichkeiten, sich über die Umwelt zu informieren. Wandert doch einmal mit einem Förster durch den Wald oder besucht zum Beispiel die Umweltjugendherberge auf dem Vogelsberg!

Ballungsgebiet. Im Süden Hessens konzentrieren sich wichtige Verkehrswege, bedeutende Unternehmen und die größten Städte. Wiesbaden ist die Hauptstadt und Frankfurt die Bankenstadt. Aber in Frankfurt und Darmstadt sind zum Beispiel auch große Arbeitgeber aus der chemischen Industrie beheimatet und in Rüsselsheim befindet sich der Hauptsitz eines Autoherstellers. Der Frankfurter Flughafen gehört zu den größten in Europa ...
Und weil sich hier alles so konzentriert, spricht man auch vom „Ballungsraum Rhein-Main".
Natürlich bringt eine solche Ballung auch Probleme mit sich. Die Luft ist oft verschmutzt, auf den Straßen kommt es zu Staus, die Wasserversorgung bereitet inzwischen Schwierigkeiten und zum Wohnen ziehen viele Menschen bis in den Taunus.

● Sammelt Ansichtskarten und erstellt ein eigenes Hessen-Puzzle!

Am Wochenende war ich mit meinen Eltern am Edersee!

Waldeck

Heute hat Nico wirklich eine Menge zu erzählen, denn rund um den Edersee gibt es viele lohnende Ausflugsziele und Freizeitmöglichkeiten: Schifffahrt, Aqua-Park, Kraftwerksbesuch, Seilbahnfahrt, Wildpark, ökologische Forschungsstation und natürlich Stadt und Burg Waldeck. Zum Glück hatte Nico seinen Fotoapparat dabei!

Oben auf dem Berg ist die Burg Waldeck zu sehen!

Das ist die Staumauer. Seht ihr die Kraft-häuser?

Am Ostrand des Rothaargebirges findet ihr das Waldecker Bergland. Zwischen dem Waldecker Bergland und dem Kellerwald schlängelt sich mit mehreren Windungen der größte See Hessens. 27 Kilometer ist er lang! Der Edersee wurde künstlich geschaffen. Eine Staumauer von 400 Meter Länge und 47 Meter Höhe riegelt bei Hemfurth das Edertal ab.

Darum wurde die Talsperre gebaut:

Hochwasserschutz. Nach starken Regenfällen und vor allem nach der Schneeschmelze trat die Eder regelmäßig über die Ufer. Diese Überschwemmungen konnten verheerend sein und die Orte entlang des Flusses bedrohen.

Wasserregulierung. In der Talsperre wird Wasser gespeichert. Wenn Niedrigwasser die Schifffahrt auf der Weser und dem Mittellandkanal gefährdet, wird Wasser aus dem See abgelassen. Über die Eder und die Fulda gelangt es dann in die Weser.

Stromerzeugung. Vier Kraftwerke nutzen inzwischen am Edersee die Wasserkraft zur Stromgewinnung.

Unterhalb der Staumauer befindet sich ein Ausgleichsbecken. Hier ist ein Laufwasser-Kraftwerk in Betrieb. Es nutzt den Druck des Wassers, um die Turbine anzutreiben. Diese Energie wird auf den Generator übertragen, der den Strom erzeugt. Der Dynamo an einem Fahrrad funktioniert so ähnlich.

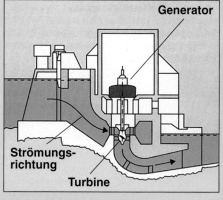

- Wo liegt die Ederquelle? In welchen Fluss mündet sie?
- Suche auf einer Deutschlandkarte den Mittellandkanal!
- Manchmal ragen bei niedrigem Wasserstand Mauerreste aus dem Edersee. Hast du eine Erklärung dafür?
- Links steht, warum die Talsperre gebaut wurde. Bald zeigte sich eine weitere günstige Entwicklung, an die die Erbauer gar nicht gedacht hatten! Wenn du dir die Bilder betrachtest, kommst du sicherlich darauf!

Ganz im Nordwesten findet ihr das „Upland" und Willingen. Hier gab es früher nur kleine Orte, deren Einwohner kaum von der Landwirtschaft leben konnten. Die Menschen suchten daher zusätzliche Verdienstmöglichkeiten. Sie arbeiteten zum Beispiel in Erzgruben, Eisenhütten und -hämmern. Später kamen selbst gewebtes Leinen und andere Textilien, die zu Hause hergestellt wurden, hinzu. Andere zogen mit Kiepen durch das Land und verkauften Kleineisenteile wie Nägel, Messer oder Schlösser. Viele wanderten aber auch in das aufstrebende Ruhrgebiet aus, um dort Arbeit zu suchen.

● Besonders weit kamen die „Linnenkerle" herum. Was hatten sie wohl in ihrer Kiepe?

Doch dann kam der Fremdenverkehr ins Waldecker Upland – anfangs vor allem im Sommer, weshalb die Urlauber früher auch „Sommerfrischler" genannt wurden. Heute ist Willingen jedoch auch bekannt für seine Wintersportmöglichkeiten. Langlaufloipen werden gespurt und Abfahrtshänge gewalzt. Lifte ziehen die Skifahrer die Hänge hinauf und abends sorgt Flutlicht für die Beleuchtung. Eine besondere Attraktion aber sind die Sprungschanzen. Auf der „Mühlenkopfschanze" werden sogar internationale Wettbewerbe ausgetragen.

Sogar im Sommer kannst du in Willingen Schlittschuh laufen. Die Eissporthalle ist das ganze Jahr über geöffnet!

Timos Tante macht eine Kur in Bad Wildungen. Der Ort liegt nur wenige Kilometer südöstlich vom Edersee entfernt. Bekannt geworden ist er durch seine Heilquellen. Da das Wasser sehr reich an Mineralstoffen und Spurenelementen ist, hilft es bei Erkrankungen der Blase und der Niere. Timos Tante hat ein Blasenleiden, das behandelt werden muss. Ihr Hausarzt hat die Kur verschrieben. In dem palastartigen „Fürstenhof" ist eine der zahlreichen Kliniken untergebracht.
Auch hier in Bad Wildungen kümmert sich ein Arzt um sie. Er hat einen Kurplan aufgestellt, in dem die Anwendungen festgehalten werden, mit denen seine Patientin behandelt werden soll.

In Hessen gibt es sehr viele Kurorte. Die Gründe, warum Kuren verschrieben werden, sind sehr unterschiedlich. Manche Kuren helfen zum Beispiel bei Herz-Kreislauf-Erkrankungen, andere sollen Erkrankungen der Atemwege lindern.

● Suche auf der Karte nach weiteren Kurorten!

Viele Grüße von Deiner Tante Gudrun!

Tipp: Meistens beginnen diese Orte mit einem „Bad". Mehr zum Thema „Wasser und Mineralien" findest du übrigens auf Seite 28!

Kassel – das Zentrum im Norden

Frau Wagner möchte Lehrerin werden. Dazu besucht sie in Kassel die Universität. Um sich auf ihren Beruf vorbereiten zu können, macht sie in der Klasse 4b ein Praktikum. Als die Kinder hören, dass Frau Wagner aus Kassel kommt, bestürmen sie ihren Besuch mit Fragen.

Wie groß ist Kassel?

Kassel ist eine Großstadt mit mehr als 200 000 Einwohnern. Nimmt man die Bewohner des Landkreises Kassel hinzu, so leben hier insgesamt über 440 000 Menschen. Kassel ist die einzige Großstadt in Nordhessen und deshalb ist die Stadt natürlich ein wichtiges Einkaufszentrum geworden. Viele Menschen aus dem nordhessischen Raum kommen aber in die Stadt, weil sie hier eine Arbeit gefunden haben: in der Industrie, im Handel, bei Behörden, an der Universität ...

Wie sieht es in Kassel aus?

Eigentlich ist Kassel eine sehr grüne Stadt. So gibt es hier mit der „Wilhelmshöhe" den größten Bergpark Europas. Und an der Fulda haben wir den Park „Karlsaue". Der Park wurde nach dem Landgrafen Karl benannt.

Die Landgrafen haben über Jahrhunderte hinweg die Entwicklung der Stadt bestimmt. Sie haben prachtvolle Gebäude errichten und auch die Parks anlegen lassen. Dem Landgrafen Karl verdankt Kassel noch ein besonderes Wahrzeichen: Hoch über der Stadt steht auf der Wilhelmshöhe der „Herkules". Das ist eine 8 Meter hohe Steinfigur, die die Spitze eines Riesenschlosses bildet. Das Bauwerk wird wegen seiner achteckigen Gestalt „Oktogon" genannt und ist mit dem Herkules zusammen 71 Meter hoch. Die langen stufenförmigen Wasserfälle, die hier oben beginnen, gefallen mir besonders.

Im Zweiten Weltkrieg wurde Kassel durch Bombenangriffe sehr stark zerstört. Nach dem Krieg wollte man die alte Stadt jedoch nicht einfach wieder aufbauen. Das neue Kassel sollte großzügig und modern aussehen. Und mit der „Treppenstraße" wurde die erste Fußgängerzone in Deutschland eingerichtet.

Gibt es große Fabriken in Kassel?

Das größte Unternehmen liegt außerhalb der Stadt: Im Süden Kassels hat die Volkswagen AG ein Zweigwerk errichtet, in dem 16 000 Menschen arbeiten.
Den Fahrzeugbau gibt es bei uns schon lange. Bereits 1848 wurde hier eine Dampflokomotive, der „Drache", gebaut. Auch heute noch werden in Kassel Lokomotiven hergestellt. Natürlich hat sich ihr Aussehen verändert, wie der Triebkopf des ICE und die Magnetschnellbahn „Transrapid" zeigen.

Kassel liegt an einer ICE-Hauptstrecke. In nur 2 Std. 15 Minuten ist dieser Zug in Hamburg. Für die Strecke Kassel – München benötigt er 3 Std. 22 Minuten.

In Kassel entsteht ein sehr modernes Güterverkehrszentrum. Güter aller Art sollen hier gelagert und verteilt werden. An einer Umschlaganlage können sie von der Schiene auf die Straße gebracht werden und umgekehrt. Speditionen transportieren die Waren dann weiter.

● Suche auf einer Deutschlandkarte die Städte Düsseldorf, Leipzig, Hannover, Frankfurt, München, Flensburg, Berlin und Stuttgart. Wieviel Kilometer Luftlinie sind sie von Kassel entfernt?
● Sieh in einem Autoatlas nach, welche Autobahnen und Bundesstraßen nach Kassel führen!
● Wie kommt Frau Wagner von eurem Schulort aus nach Kassel?

Es war einmal ...

> Eine Witwe hatte zwei Töchter, davon war die eine schön und fleißig, die andere hässlich und faul. Sie hatte aber die hässliche und faule, weil sie ihre rechte Tochter war, viel lieber, und die andere musste alle Arbeit tun und das Aschenputtel im Hause sein.

● Kennst du das Märchen? Es wurde, wie viele andere auch, von den Brüdern Jacob und Wilhelm Grimm niedergeschrieben.

In früheren Zeiten, das Radio und der Fernseher waren noch nicht erfunden, haben sich die Menschen gerne mit Erzählungen unterhalten. Auch Bücher gab es nicht so viele wie heute und nicht jeder konnte lesen. Menschen, die Märchen erzählen konnten, waren deshalb gerne gesehen.

Das Märchenerzählen ist gar nicht so einfach. Man braucht schon ein gutes Gedächtnis, um sich viele Geschichten ohne Hilfe von Büchern merken zu können. Und man muss die Geschichten so erzählen können, dass die Zuhörer Spaß daran haben.

Die Gebrüder Grimm haben sich die Märchen nicht selbst ausgedacht, sondern sie haben sich auf die Suche nach Märchenerzählern gemacht, um deren Erzählungen aufzuschreiben. So haben sie zum Beispiel die „Zwehrener Märchenfrau" kennen gelernt. Richtig hieß sie Dorothea Viehmann. 30 Geschichten verdanken ihr Jacob und Wilhelm Grimm! Im Jahr 1812 konnten sie dann ihre gesammelten „Kinder- und Hausmärchen" erstmals drucken.

Natürlich sind die märchenhaften Begebenheiten erfunden. Und auch die Märchenfiguren hat es so nicht wirklich gegeben. Aber die Erzähler schilderten die Geschichten gerne so, als wären sie in der Umgebung ihrer Zuhörer geschehen. Und da die Gebrüder Grimm ihre Märchen häufig in Mittel- und Nordhessen sammelten, findet ihr hier besonders viele „märchenhafte" Spuren.

Dieses Mädchen trägt die „Schwälmer Tracht", die ihr heute noch an Festtagen sehen könnt. Die Schwalm ist eine Landschaft und ein Fluss in Mittelhessen, nördlich des Vogelsberges.

● Welches Märchen haben die Gebrüder Grimm hier wohl gehört?

● Nördlich von Kassel, mitten im Reinhardswald, befindet sich die Sababurg. Wer wurde hier wohl wachgeküsst?

Im Nordosten Hessens erhebt sich der Meißner. Besonders eindrucksvoll ist seine ausgedehnte Hochebene. Wind, Schnee und Eis haben hier ihre Spuren hinterlassen und manch merkwürdig gekrümmter Baum ist zu sehen. Aber auch ein Moor, steile Berghänge und Schluchten gibt es hier. Manchmal ist der Waldboden mit dicken Felsbrocken übersät. Kein Wunder, dass sich viele alte Sagen um diesen „König der hessischen Berge" ranken. Die bekannteste Bewohnerin des Meißners ist sicherlich Frau Holle. Der Frau-Holle-Teich ist der Eingang zu ihrem unterirdischen Reich.

Die Gebrüder Grimm haben lange Zeit in Kassel gewohnt und gearbeitet. Deshalb gibt es hier außer einem Denkmal auch das Brüder-Grimm-Museum.

● Kennst du noch weitere Märchen der Gebrüder Grimm?
● Sammle Sagen und Legenden aus deiner Umgebung!
● Wer in eurer Klasse kann gut Märchen erzählen?

VOM BAUEN IM MITTELALTER

Katrin wohnt in der Gerbergasse. Am Ende der Gasse steht das Haus von Frau Fischer. Es ist ein altes Haus, das ziemlich schief aussieht. Der Putz hat überall Risse. Eines Tages steht Frau Fischer mit einigen Handwerkern vor dem Haus. An einer Stelle haben die Handwerker den Putz entfernt. Katrin sieht dicke Holzbalken und dazwischen geflochtene Äste. „Ist Ihr Haus denn ganz ohne Steine gebaut worden?", fragt sie Frau Fischer erstaunt.

Katrin erfährt, dass die Häuser seit dem Mittelalter häufig mit Holz gebaut wurden. Holz war leichter zu bekommen als Steine und ließ sich auch besser verarbeiten. Aber ganz ohne Steine ging es doch nicht, denn zunächst wurde ein fester Sockel gemauert, der das Holz vor Feuchtigkeit schützen sollte. Dann richteten die Zimmerleute auf dem Bauplatz ein Holzgerüst aus Balken auf, die sie vorher schon passend zugeschnitten hatten. Die haushohen „Ständer" gaben dem Dach Stand. Dazwischen kamen die waagerechten „Riegel". Schräge Balken, die „Streben", sorgten für zusätzlichen Halt. Mit hölzernen Zapfen wurden die einzelnen Teile des Fachwerkgerüstes verbunden.

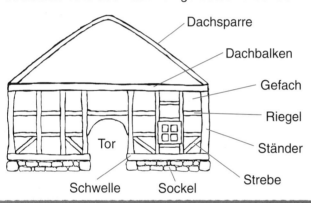

Später verwendeten die Zimmerleute nicht mehr die hohen Ständer, sondern bauten Stockwerk für Stockwerk. Dadurch konnte das Haus auch höher gebaut werden. Diese Methode wird Stockwerkbau oder auch Rähmbau genannt.

Die Zwischenräume in einem Fachwerkgerüst heißen „Gefache". Um sie zu verschließen, wurden zunächst senkrecht Äste eingesetzt. In diese Äste wurden dann biegsame Äste eingeflochten. Auf das Geflecht kam schließlich eine Mischung aus Lehm und Stroh. Zum Schluss wurde eine isolierende Kalkschicht aufgetragen. Von ihr hatten die Gefache die weiße Farbe.

Ein Fachwerkmuster ist in Hessen sehr stark verbreitet. Es soll das Gerüst nicht nur stützen, sondern auch schmücken. Es heißt „Hessischer Mann", manchmal auch „Wilder Mann".

- Erkennst du die ausgestreckten Arme und Beine der Figur?

- Was genau hat Katrin unter dem Putz von Frau Fischers Haus gesehen?

- Noch heute wird beim Hausbau das „Richtfest" gefeiert. Weißt du wann?

- Gibt es auch bei dir zu Hause Fachwerkhäuser? Wie alt sind sie? Wurden sie restauriert?

- Oft haben die Erbauer ihre Häuser verziert. Die Balken wurden kunstvoll bemalt oder mit Schnitzereien versehen. Auch Inschriften sind häufig zu sehen. Kennst du Häuser mit solchen Inschriften?

In Hessen gibt es noch sehr viele Fachwerk-Dörfer und -Städte. Dabei ist es nicht immer einfach, die alten Häuser zu erhalten. Um sie moderner zu machen, werden sie oft umgebaut. Die Außenwände werden zum Beispiel mit Bauplatten versehen, weil diese sich leichter pflegen lassen als die Balken und Gefache. Neue Bäder, Heizungen und Fenster werden ebenfalls eingebaut. Häufig verlieren die alten Häuser dabei aber ihr Aussehen.

Auf dem Foto seht ihr Marburg an der Lahn. Auch hier gibt es eine Altstadt mit sehr vielen prächtigen Fachwerkhäusern. In Marburg hat man schon früh versucht, die alten Gebäude zu „restaurieren". Schäden wurden beseitigt und die Häuser erneuert. Dabei hat man sich bemüht, den ursprünglichen Zustand der Häuser möglichst zu erhalten.

MARBURG

Nicht nur die schönen Fachwerkhäuser erinnern uns an die Zeit des Mittelalters. Auch die vielen Burgen und Stadtanlagen mit Türmen oder Resten von Stadtmauern stammen aus dieser Zeit. Die Menschen waren ständig von Kriegen und Fehden bedroht. Ritter ließen sich feste Burgen errichten. Die Geistlichen der Kirche sowie die Bauern und Bürger verschanzten sich zunächst in Wehrkirchen, später befestigten sie ihre Städte durch dicke Mauern und tiefe Gräben. Der Grund und Boden gehörte damals den Fürsten und der Kirche. Viele Bauern waren unfreie Leibeigene ohne Besitz und mussten für ihre Herren harte Arbeit verrichten. Die Arbeit für den Grundherrn nannte man auch „Fron". Der zehnte Teil der gesamten Ernte musste als Steuer abgeliefert werden.
Wer das Glück hatte, in einer Stadt zu leben, war meist unabhängig und ein freier Bürger. Die Handwerker organisierten sich in Zünften, nach denen auch heute noch manche Straßen benannt sind, wie zum Beispiel Gerbergasse, Gürtlergasse, Metzgergasse ...

Auf dem Marburg-Foto seht ihr auch das Landgrafenschloss. Schon im 9. Jahrhundert hat auf dem steilen Berg über der Lahn eine Burg gestanden. 300 Jahre später ließen die Landgrafen von Thüringen an gleicher Stelle eine neue Burg errichten. Sie wollten damit ihren hessischen Besitz sichern. Außerdem kreuzten sich hier zwei bedeutende Handelsstraßen, die geschützt werden sollten. Mit der Gründung der Landgrafschaft Hessen im Jahr 1248 wurde Marburg Hauptstadt. Noch im selben Jahr wurde damit begonnen, die Burg zu einem Schloss umzubauen. Auch in den folgenden Jahrzehnten und Jahrhunderten wurde weitergebaut. Das Schloss sollte jedem die Bedeutung und die Macht der Landgrafen zeigen.

Übrigens: Der erste hessische Landgraf hieß Heinrich und war noch ein Kind! Als seine Mutter ihn auf dem Marburger Marktplatz zum Herrscher machte, war er erst vier Jahre alt! Heinrich war ein Enkel der heiligen Elisabeth, die hier in Marburg Arme und Kranke betreut hat.

In Marburg gibt es aber nicht nur das Schloss und die Altstadt. Auch durch die Universität ist die Stadt so bekannt geworden. Sie ist die erste protestantische Universität gewesen – seit 1527 kann man hier studieren. Viele bedeutende Frauen und Männer haben hier auf den Bänken der Hörsäle gesessen.

21

Der Vogelsberg

Ziemlich genau in der Mitte Hessens liegt der Vogelsberg. Habt ihr auf der Karte seine runde Form gesehen? Der Berg ist vor allem aus Basalt aufgebaut. Das ist ein vulkanisches Gestein.

Richtig! Der Vogelsberg ist ein erloschener Vulkan. Vor vielen Millionen Jahren drangen hier gewaltige Lavamassen aus unzähligen Spalten und Schloten, um dann an der Oberfläche zu erstarren. Da das viele Male passierte, besitzt der Vogelsberg mehrere übereinander geschichtete Decken. Auf diese Weise entstand das größte Basaltmassiv Europas.

Basalt erstarrt häufig zu sechseckigen Säulen. Das Gestein ist dunkelgrau bis blauschwarz und sehr hart, weshalb es früher oft im Straßenbau verwendet wurde. Außer für Kopfsteinpflaster und Bordsteinkanten wurde Basalt auch für starke Mauern benutzt. Achtet einmal bei der nächsten Burgbesichtigung darauf!

> Warum brauchen die Zwetschgen am Vogelsberg zwei Jahre, bevor sie reif sind?

Im zweiten Jahr müssen sie umgehängt werden, damit auch die andere Seite Sonne bekommt.

Natürlich ist das eine Scherzfrage. Aber Bastian hat Recht: Das Klima ist hier ziemlich rau. Außerdem regnet es oft. Aus dem Westen treibt der Wind Regenwolken vor sich her, die aus winzigen Wassertröpfchen bestehen. Mitten in Hessen treffen die Wolken dann auf ein mächtiges Hindernis – den Vogelsberg. Die Wolken müssen also aufsteigen, wobei sie aber abkühlen. Aus den winzigen Wolkentröpfchen werden viel größere Regentropfen. Wenn diese zu schwer werden, fallen sie zur Erde.

In zahlreichen Bächen und Flüssen fließt das Wasser den Berg hinab. Für viele hessische Städte und Gemeinden ist der Vogelsberg ein wichtiger Trinkwasserlieferant. Bis in das Rhein-Main-Gebiet wird das Wasser abgegeben. Leider entstehen hierdurch auch Probleme. Wegen der ständigen Entnahme fällt der Grundwasserspiegel und manchmal kommen die Baumwurzeln nicht mehr an das Wasser heran. Die Bäume verdorren dann in einem der niederschlagsreichsten Gebiete Hessens.

Um die Natur am Vogelsberg vor Störungen und Veränderungen zu schützen, wurde der „Naturpark Hoher Vogelsberg" eingerichtet. Eine wichtige Aufgabe des Naturparks ist, die Besucher zu informieren und ihnen die Besonderheiten dieser Landschaft zu zeigen. So gibt es auf dem Hoherodskopf ein Naturschutzzentrum und eine Umweltjugendherberge. Sogar eine Rucksackschule wird angeboten.
Auskunft bekommt ihr beim „Naturpark Hoher Vogelsberg" in Schotten.

- Wie heißt die höchste Erhebung des Vogelsbergs und wie hoch ist sie?
- Warum regnet es am Vogelsberg so oft? Versuche doch einmal zu zeichnen!
- Gibt es auch bei dir in der Nähe Basaltvorkommen?
- Für den Besuch eines Naturschutzgebietes gibt es einige wichtige Regeln. Erkundige dich, welche das sind!
- Auf der rechten Seite erfährst du etwas über die Landwirtschaft. Auch am Vogelsberg wurden in den vergangenen Jahren viele Betriebe aufgegeben. Überlege, was das für die Landschaft (die Dörfer) bedeutet!

In Lau-ter-bach hab' ich mein Strump ver-lor'n, und oh-ne Strump geh' ich net

haam, da geh ich glei wie-der nach Lau-ter-bach hin und hol mer mei Strump an mei

Baa. Scheb-be Baa, scheb-be Baa, scheb-be Baa, sind im-mer noch bes-ser als kaa.

Das Lauterbacher Strumpflied

Ein wandernder Handwerksgeselle zog durch die Welt. Seines Zeichens war er Strumpfmacher. Auf seiner Wanderschaft kam er nach Lauterbach, wo seit eh und je die Strumpfmacher ansässig waren. Eine Meisterin fand den Gesellen recht tüchtig und auch sonst recht ansehnlich und nahm ihn auf.

Während des langen Winters genoss der Geselle das warme Nest, das ihm die Meisterin bereitete und er fühlte sich wohl. Die Meisterin aber hoffte, dass der Strumpfmacher in Lauterbach bleiben würde.

Als aber der Frühling nahte, wurde der Geselle immer unruhiger. Das Fernweh wurde so stark, dass der Geselle seiner Meisterin von einer Stunde auf die andere offenbarte, dass es ihn wieder in die Ferne treibe.

Das überraschte die Meisterin doch sehr und sie wurde wütend und beförderte den Gesellen mit seinen Habseligkeiten vor die Tür.

Als der Handwerksgeselle am Stadtrand dann seine Sachen ordnete, stellte er fest, dass ein Strumpf fehlte. Er hatte ihn bei dem überstürzten Aufbruch verloren.

Der Vogelsbergkreis hat die dünnste Besiedlung in ganz Hessen. Die Landwirtschaft ist mit über 2 500 Betrieben hier immer noch ein wichtiger Wirtschaftszweig. Allerdings werden 7 von 10 Höfen im Nebenerwerb betrieben. Das heißt, dass die Landwirte einen weiteren Beruf ausüben, weil der Ertrag des Betriebes nicht ausreicht oder weil sie den Hof nicht alleine führen können.

Über die Hälfte des Kreisgebietes entfällt auf landwirtschaftliche Flächen, wobei Dauergrünland und Ackerland etwa gleich stark verteilt sind. Auf den Feldern wächst vor allem Winterweizen, Wintergerste, Körnerraps und Mais.

Die Rindviehhaltung ist im Vogelsbergkreis besonders wichtig: 67 659 Rinder gibt es hier, darunter sind 23 085 Milchkühe. Jede Kuh liefert etwa 6 391 kg Milch im Jahr!

Joghurt selbst gemacht

Ihr braucht: 1 Liter Milch, 6–8 kleinere Gläser mit Schraubverschluss (gut ausspülen!), Naturjoghurt oder Joghurt-Ferment, Früchte oder Marmelade

Und so geht's:
Die Milch in einem Topf kurz erhitzen. Sie darf nur sieden, nicht kochen!
Nun muss die Milch auf etwa 42 Grad abkühlen (handwarm).
Rührt mit einem Schneebesen den Naturjoghurt oder das Ferment in die Milch.
Anschließend werden die Gläser mit der Milch gefüllt und verschlossen.
Die Gläser kommen dann in einen vorgewärmten Backofen oder in einen speziellen Joghurtbereiter (42 Grad). Hier müssen sie mindestens 4 Stunden bleiben.
Der Joghurt ist jetzt noch nicht fest, er muss im Kühlschrank 12 Stunden reifen. Hebt 2–3 Esslöfel auf. Ihr könnt damit neuen Joghurt herstellen.
Tipp: Ihr könnt den fertigen Joghurt mit frischen Früchten oder Marmelade anrichten – er schmeckt dann noch besser. Im Kühlschrank hält er etwa eine Woche.

897 g Wasser
52 g Kohlenhydrate
38 g Milcheiweiß
36 g Milchfett
7 g Mineralsalze
Vitamine

FRANKFURT

Blick über den Main auf die Wolkenkratzer. Rechts der alte „Kaiserdom", in dem jahrhundertelang die deutschen Kaiser gewählt und gekrönt wurden.

Sarah und Julius wohnen in der Nordweststadt. Das ist ein Stadtteil von Frankfurt. Frau Hessberg, ihre Mutter, arbeitet auf der Frankfurter Messe und ihr Vater ist bei einer großen Bank beschäftigt.

„Mein Büro befindet sich im Bankenviertel. Ich arbeite dort im 30. Stock. Da habe ich einen tollen Blick auf den Main. Manchmal ist die Luft aber auch sehr dunstig.

Oft muss ich meine Kunden auswärts besuchen. Deshalb fahre ich mit dem Auto zur Arbeit. Wir haben zwar ein sehr dichtes Straßennetz, aber trotzdem kommt es immer wieder zu Staus."

„Ich bin gerne mit anderen Menschen zusammen. Deshalb macht mir die Messe-Arbeit auch viel Spaß. Auf einer Messe stellen Unternehmen sich und ihre Produkte einem interessierten Publikum vor und versuchen, Geschäfte abzuschließen. In Frankfurt gibt es schon sehr lange solche Messen und ohne sie wäre die Stadt bestimmt nicht so groß geworden. Die Buchmesse mag ich besonders. Unsere Kinder gehen ja lieber zur Internationalen Automobilausstellung."

Hier wohnt die Familie Hessberg.

„In Frankfurt ist eigentlich immer
etwas los. Mit den öffentlichen
Verkehrsmitteln kommen wir
überall hin. Nachmittags
treffen wir uns oft auf dem
Abenteuerspielplatz in der
Nordweststadt. Oder wir
fahren ins Zentrum zur
„Hauptwache".
Am „Struwwelpeterplatz" kann man
prima den Größeren beim Skateboardfahren zugucken."

„Viele Frankfurter Museen machen auch uns
Kindern Spaß. Außerdem gibt es hier den Zoo
und mehrere Theater extra für Kinder. Eins ist
sogar ganz bei uns in der Nähe. Am
Wochenende unternehmen wir oft etwas
zusammen mit unseren Eltern. Bei
gutem Wetter machen wir zum Beispiel eine Radtour an der Nidda
entlang nach Bad Vilbel oder wir
fahren mit einem Ausflugsschiff auf
dem Main. Einmal sind wir bis nach Mainz gefahren!"

Frankfurt in Zahlen

– Einwohner: ca. 624 447 *
– Kinder unter 15 Jahre: 38 909
  Mädchen und 41 326 Jungen *
– Über 29 Prozent der Frank-
  furter sind Ausländer *
– 454 750 Beschäftigte **
– In der Stadt angemeldete
  Pkw: 296 518 **
– Ca. 138 000 Kubikmeter
  Wasser geben die Stadtwerke
  täglich ab! ***

* am 31.12.1998
** am 31.12.1997   *** 1998, bezogen auf das Stadtgebiet

Frankfurt ist sehr alt. Schon 10 000 vor Christus lebten
hier Menschen. Vor etwa 2 000 Jahren kamen die
Römer. Sie errichteten hier mehrere Militärlager und
mit „Nida" entstand sogar eine richtige Stadt.
Viele Jahre später erbauten die Franken auf dem Dom-
hügel einen Königshof. Im 8. Jahrhundert soll sich Karl
der Große, ein bedeutender Frankenkönig, bei der
Verfolgung der Sachsen in dieser Gegend verirrt
haben – so erzählt es eine Sage. In der Nacht
erschien dem König aber eine Hirschkuh, die ihm den
Weg zu einer Furt zeigte und den König so rettete.
Seither hat die „Furt der Franken" ihren Namen. Der
Stadtteil südlich des Mains heißt heute noch „Sach-
senhausen".

● Was ist eine Furt? Schaue im Lexikon nach!

Heute ist Frankfurt ein Zentrum der Industrie, der
Banken und des Handels. Im Stadtteil Höchst stellen
etwa 18 000 Menschen Arzneimittel und andere
chemische Erzeugnisse her. Alle großen deutschen
Banken haben ihren Sitz in Frankfurt. Viele ausländische Unternehmen kommen hinzu. Die Bürotürme
geben der Stadt das typische Aussehen. Der „Messe-
turm" ist eines der höchsten Bürohochhäuser in
Europa. Mit seinen 70 Geschossen erreicht er mehr
als 256 Meter!

Das Geld der Banken und der Handel gehören zusammen. Die Ergebnisse des Frankfurter Börsenhandels
werden jeden Abend in den Fernsehnachrichten
gesendet. Und von den Messen habt ihr auch schon
gehört.

● Manchmal wird Frankfurt auch „Mainhattan" genannt.
   Weißt du warum?

„Das also war des Pudels Kern!"

Apropos Buchmesse!

Diesem Herrn werdet ihr in
Frankfurt öfter begegnen,
denn er wurde hier geboren.
Er war ein bedeutender
Dichter und vieles, was er
geschrieben hat, wurde zu
einem „geflügelten Wort".

● Wer kennt seinen Namen?

Frankfurt ist ein Verkehrsknotenpunkt. Ein dichtes Netz von Straßen überzieht die Stadt und ihr Umland. Der Main ist eine wichtige Wasserstraße, die den Rhein mit der Donau verbindet. Fünf Hafenbecken gibt es in Frankfurt.

Auch für die Deutsche Bahn ist Frankfurt ein wichtiges Zentrum. Fünf riesige Hallen überspannen den Kopfbahnhof. Hier trifft der Fernverkehr mit dem Regional- und dem Nahverkehr zusammen. Deshalb machen hier nicht nur die schnellen ICE- und Intercity-Züge Halt. Auch die S-Bahnen, U-Bahnen, Straßenbahnen und Busse fahren zum Bahnhof.

Eine internationale Drehscheibe ist der Frankfurter Flughafen. Von hier aus werden 280 Flughäfen auf der ganzen Welt angeflogen. Fast jede Minute startet oder landet ein Flugzeug! Über 38 Millionen Fluggäste werden hier im Jahr gezählt. Aber nicht nur Menschen werden befördert. Für den Transport von Luftfrachten ist Frankfurt sogar führend in Europa.

Schon längst suchen viele Menschen außerhalb des Frankfurter Stadtgebietes eine Wohnung. In der Stadt ist es ihnen oft zu laut oder zu schmutzig. Außerdem ist der Wohnraum sehr teuer. So wohnen die Menschen zum Beispiel in Bad Soden oder Oberursel und fahren jeden Tag zum Arbeiten nach Frankfurt. Nach Feierabend geht es dann wieder zurück – die Menschen pendeln.

- ● Warum ziehen die Menschen in das Umland der Städte? Welche Vorteile und welche Nachteile gibt es für die Pendler und ihre Wohnumgebung? Und für die Leute in der Stadt?

- ● Bahnfahren ist eine spannende Angelegenheit. Suche dir auf dem Schnellbahnplan einen Startpunkt und ein Ziel und beschreibe den Weg. Deine Nachbarin oder dein Nachbar darf raten, wohin die Reise geht!

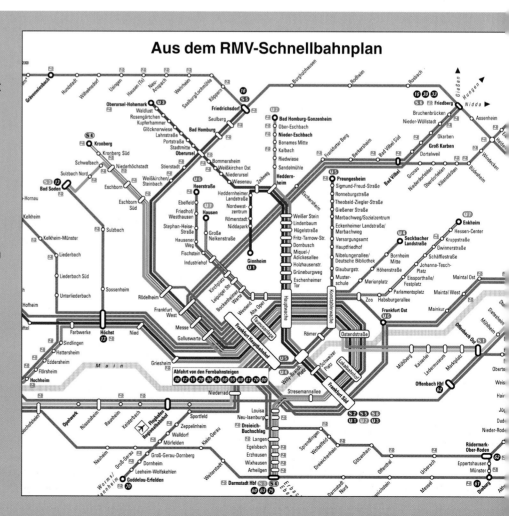

Aus dem RMV-Schnellbahnplan

Frankfurt ist nicht die einzige Großstadt in der Ebene zwischen Rhein und Main und auch nicht der einzige wichtige Wirtschaftsstandort. Nur wenige Kilometer mainabwärts befindet sich Rüsselsheim mit den Opel-Werken. Und nur etwas mehr als 15 Minuten braucht ein Zug von hier aus zur Landeshauptstadt Wiesbaden. Südlich von Frankfurt, nicht einmal 30 Kilometer Luftlinie entfernt, liegt Darmstadt. Hier ist zum Beispiel die chemische Industrie stark vertreten. Und auch im Osten Frankfurts, in Offenbach und Hanau, befinden sich große Industriebetriebe.

Da sich die Städte mit ihren Menschen und Arbeitsplätzen hier so zusammendrängen, spricht man auch vom „Ballungsraum Rhein-Main". Mehr als ein Drittel der Bevölkerung Hessens lebt hier!

● Eine so große Ansammlung von Menschen und Arbeitsplätzen bringt natürlich auch Probleme mit sich. Überlege welche!

Die Familie Hessberg hat einen Ausflug nach Wiesbaden gemacht. Auf der Rückfahrt nach Frankfurt sehen sie in Rüsselsheim riesige Fabrikanlagen – die Opel-Werke.
Herr Hessberg erklärt: „All das hat einmal mit Nähmaschinen angefangen, die Adam Opel im Kuhstall seines Onkels gebaut hat. 1862 war das." „Ja, aber mit Hilfe seiner Frau konnte Opel die Fabrik rasch vergrößern. Und wichtiger als die Nähmaschinen wurden bald die Fahrräder, die hier hergestellt wurden," erzählt Frau Hessberg. Das erste Auto wurde 1899 in Rüsselsheim fabriziert. Adam Opel hat es nicht mehr erlebt.

Nur elf der „Opel Patent-Motorwagen" wurden im ersten Jahr in Handarbeit hergestellt. Mit dem Fließband, das 1924 bei Opel eingeführt wurde, begann die Massenproduktion. Alle 4,5 Minuten wurde ein Fließbandauto fertig.

Heute werden bei der Montage eines Opel Vectra 480 verschiedene Roboter eingesetzt. Computer steuern den Zusammenbau. Die Männer und Frauen in der Fertigung arbeiten in kleinen Gruppen zusammen. So wird genauer, schneller und kostengünstiger produziert. Etwa alle zwei Minuten rollt ein Auto vom Band. Die einzelnen Bauteile kommen aus ganz Europa. 25 000 Beschäftigte sorgen allein in Rüsselsheim dafür, dass alles funktioniert.

Puh, ist das ein Gestank! So viele Autos auf diesen engen Straßen!

● Oben siehst du die Opel-Werke aus der Luft. Beschreibe die Verkehrslage des Unternehmens!

● Überlege, wie sich durch den Einsatz
a) der Fließbänder und b) der Roboter
die Arbeit in den Produktionshallen verändert hat.

Wiesbaden

Warum ist Wiesbaden eigentlich so oft im Fernsehen?

Im Westen des Rhein-Main-Gebietes, zwischen dem Rhein und dem Taunus, findet ihr Wiesbaden. Von hier aus wird das Land Hessen regiert und verwaltet. Der Landtag, die Ministerien und viele andere Einrichtungen des Landes machen Wiesbaden zu einer wichtigen Verwaltungs- und Behördenstadt. Auch das Bundeskriminalamt und das Statistische Bundesamt haben hier ihren Sitz. Die Großstadt mit ihren vielen Geschäfts-, Büro- und Wohngebäuden hat eine günstige Verkehrslage. Deshalb finden hier viele wichtige Kongresse statt und zahlreiche Industriebetriebe haben sich ebenfalls niedergelassen. Gegründet wurde Wiesbaden übrigens von den Römern, die hier ein Kastell errichteten. Schon sie haben das heilkräftige Wasser genutzt, das in heißen Quellen, den so genannten Thermen, an die Oberfläche gelangt. Ihnen verdankt Wiesbaden den Ruf als „Weltkurstadt".

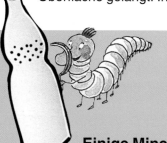

● Schaut euch einmal eine Mineralwasserflasche genauer an! Was steht auf dem Etikett?

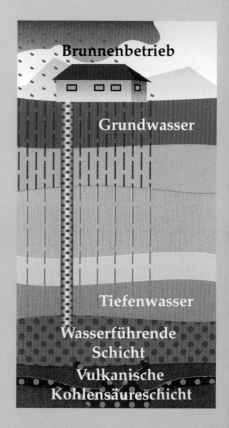

Einige Mineralien

Kalium: Reguliert den Flüssigkeitshaushalt des Körpers. Wichtig für Muskeln und Nerven.
Calcium: Wichtig für den Aufbau von Knochen und Zähnen.
Eisen: Trägt zur Bildung der roten Blutkörperchen bei.

... und Spurenelemente

Zink: Wichtig bei der Heilung von Wunden.
Jodid: Reguliert das Wachstum.
Fluorid: Macht die Zähne hart.
Silicium (Kieselsäure): Ist beim Aufbau von Knochen und Knorpeln beteiligt.

Brunnenbetrieb

Grundwasser

Tiefenwasser

Wasserführende Schicht

Vulkanische Kohlensäureschicht

Und wie kommen die Mineralien ins Wasser?

Regenwasser versickert im Boden und fließt sehr langsam durch verschiedene Gesteinsschichten. Dabei wird es gefiltert und gereinigt. Gleichzeitig nimmt das Wasser Mineralien und Spurenelemente auf. In manchen Gebieten wird das Tiefenwasser auch mit Kohlensäure angereichert. Vulkanische Vorgänge setzen die Kohlensäure frei.
Je stärker die Gesteinsschichten zerklüftet sind, desto besser kann das Wasser hindurchfließen und Mineralien aufnehmen. Deshalb kommt stark mineralhaltiges Wasser besonders in solchen Gegenden vor, wo früher einmal Vulkane tätig waren oder wo die Gesteine besonders stark bewegt wurden. Das hessische Bergland ist zum Beispiel eine solche Gegend. 44 Mineralbrunnen gibt es in Hessen.

● Welche hessischen Mineralbrunnen kennst du?

DIE RÖMER IN HESSEN

Bastian wandert mit seinen Eltern durch den Taunus. In der Nähe von Bad Homburg sind sie aufgebrochen. Plötzlich sieht Bastian einen hohen Zaun und einen steinernen Turm. „Hier hat man einen Teil des Limes wieder aufgebaut", erklärt sein Vater.

Limes???

Lange Zeit bildeten der Rhein und die Donau eine natürliche Grenze zwischen den Römern und den Germanen. Im ersten Jahrhundert nach Christus überschritten die Römer aber die beiden Flüsse und eroberten dabei auch das Gebiet des unteren Mains und die Wetterau. Um die neuen Eroberungen zu sichern, zogen die römischen Soldaten eine Grenzlinie und befestigten sie. Diese Grenze nannten sie „Limes". Erst war das nur ein einfacher Postenweg, an dem Wachtürme standen. Zum besseren Schutz errichteten die Römer später zusätzlich einen durchgehenden Pfahlzaun. Im zweiten Jahrhundert kamen ein Wall und ein Graben hinzu.

Zunächst wurden die Limestürme aus Holz gebaut. Später wurden sie durch Steintürme ersetzt. Ihr Eingang befand sich übrigens im ersten Stock und war nur mit Hilfe einer Leiter zu erreichen.
Die Soldaten auf den Wachtürmen mussten die Grenze beobachten. Wenn der Limes von Feinden überschritten wurde, benachrichtigte die Turmbesatzung mit Signalen die benachbarten Wachtürme und vor allem das nächstgelegene Kastell. Von hier aus rückten dann die Soldaten zur Verteidigung aus.
Die römischen Soldaten auf dem Bild rechts gehören zum Limeskastell Saalburg.

Ist das eine Römerburg???

Nein, Burgen haben die Römer nicht gebaut. Wohl aber Kastelle. Das sind befestigte Lager, in denen Soldaten untergebracht waren. Etwa hundert Kastelle gab es entlang des Limes. Die Saalburg sollte den Taunus sichern. Wie die Römer selbst ihr Kastell genannt haben, ist leider nicht bekannt.

Tipp: Das Saalburg-Kastell ist ein Freilichtmuseum und kann besichtigt werden. Dabei seht ihr sehr anschaulich, wie die Menschen zur Römerzeit gelebt haben.

WIR KLEIDEN UNS WIE DIE RÖMER

Für das übliche römische Kleidungsstück, die Tunika, braucht ihr ein Bettlaken, das von der Schulter bis übers Knie reicht. Um das Tuch auf das richtige Maß zu bringen, schlagt ihr es einfach um. Die Skizze zeigt euch, wie das Tuch um den Körper gelegt wird.

Dann braucht ihr zwei Fibeln. Das sind Broschen, die ihr aus Sicherheitsnadeln selbst basteln könnt. Sie geben der Tunika einen sicheren Halt.
Eine Kordel dient als Gürtel. Die Tunika wird nun über die Kordel gezogen, damit der typische Faltenwurf entsteht. Wenn ihr jetzt noch Sandalen anzieht, seid ihr kaum mehr von den echten Römerkindern zu unterscheiden.

Immer drei Kinder helfen einander beim Anziehen.

Das Pausengespräch von Nico, Bastian und Katrin dreht sich heute um den bevorstehenden Schulwechsel. Nach vier gemeinsamen Schuljahren werden sie die Grundschule verlassen und eine andere Schule besuchen.

Auch die anderen Kinder aus der 4. Klasse haben viele Fragen zum Schulwechsel, die sie an der Pinnwand gesammelt haben.

Bastian: Eigentlich bin ich ganz froh, dass wir bald auf eine andere Schule kommen. Hier kenne ich alles schon so gut und manches kommt mir ganz babyhaft vor.

Nico: Mir wird manchmal ein wenig mulmig, wenn ich an den Schulwechsel denke. Ich habe gehört, dass man in der neuen Schule fast in jedem Fach einen anderen Lehrer hat und ganz schön büffeln muss um alles zu verstehen.

Katrin: Meine Eltern wollen mich am Gymnasium anmelden. Meine Kusine ist auch dort. Sie kennt sich schon aus.

Nico: Ich soll auf die Gesamtschule, haben meine Eltern gesagt. Da bekommt man Mittagessen und macht die Hausaufgaben schon in der Schule. Aber Schulschluss ist erst um 15.30 Uhr.

Katrin: Schade, da sind wir ja gar nicht mehr zusammen! Welche neuen Fächer wir wohl bekommen?

Bastian: Ich freue mich auf Englisch. Dann kann ich endlich die Texte der Songs von meinen Lieblingsgruppen verstehen.

Katrin: Ich bin mal gespannt auf Physik und Chemie. Da macht man viele Experimente, habe ich gehört.

Nico: Ob ich Mathe wohl schaffe? Schon in der Grundschule kapiere ich manches nicht gleich. Und wenn der Mathelehrer streng ist? – Am liebsten bliebe ich hier in der Schule.

Bastian: Ach woher – was Neues ist immer gut!

Sind die Großen sehr frech?

Sind die Lehrerinnen und Lehrer streng?

Haben wir auch einen eigenen Klassenlehrer oder eine Klassenlehrerin?

Wie oft haben wir Nachmittagsunterricht?

Wer hilft mir, wenn ich etwas nicht gleich verstehe?

Haben wir ein eigenes Klassenzimmer?

Welche Schule ist die richtige für unser Kind? Das ist eine schwierige Entscheidung.

Ich schicke unseren Sohn deshalb gleich auf die Gesamtschule. Die vereinigt alle drei Schulformen.

Bei manchen Kindern fällt es mir schwer eine Empfehlung auszusprechen. Und viele Eltern verlassen sich auf mein Urteil.

Hoffentlich findet unsere Tochter verständnisvolle Lehrerinnen und Lehrer. Viel helfen kann ich ihr nämlich nicht mehr.

Grundschule?

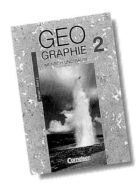 

So könnt ihr euch über weiterführende Schulen informieren:

- Stellt auf dem Stadtplan oder einer Kreiskarte fest, welche weiterführenden Schulen es am Ort oder in der näheren Umgebung gibt! Sucht diese Schulen auf dem Stadtplan! Welche Verkehrsverbindungen bestehen zu den Schulen?

- Die meisten weiterführenden Schulen organisieren für die zukünftigen Fünftklässler einen „Tag der offenen Tür". Geh mit deinen Eltern dort hin und informiere dich.

- Erarbeitet einen Fragebogen, den ihr in weiterführenden Schulen verteilt und beantworten lasst.

- Vielleicht könnt ihr jemanden aus dem 5. Schuljahr zu euch in die Klasse einladen.

- Besorgt euch Stundenpläne und Bücher von Fünftklässlern und vergleicht Fächer und Stundenzahl der verschiedenen Schularten!

- Spielt, wie in der Familie über den bevorstehenden Schulwechsel diskutiert wird!

Einladung zum TAG DER OFFENEN TÜR

An alle zukünftigen Fünftklässler!

Die fünften Klassen der Anne-Frank-Realschule laden euch zu einem Tag der offenen Tür ein.

Wann: Samstag, den 7. Dezember

Wo: Kortesstraße 13

Bringt gute Laune und viel Neugier mit!

Fragebogen

Wie groß ist die Schule?

Wie viele Klassen und Lehrkräfte hat sie?

Wie viele Kinder sind in einer 5. Klasse?

Wie viele Lehrerinnen und Lehrer unterrichten in der 5. Klasse?

Kommen die Kinder einer Schule in dieselbe Klasse?

Stundenplan

ZEIT	MONTAG	DIENSTAG	MITTWOCH	DONNERSTAG	FREITAG	
8.00 – 8.45	Englisch	Deutsch	Englisch	Religion	Biologie	
8.50 – 9.35	Mathe	Englisch	Deutsch	Englisch	Erdkunde	
9.50 – 10.35	Erdkunde	Englisch	Musik	Deutsch	Deutsch	
10.40 – 11.25	Musik	Mathe	Mathe	Mathe	Sport	
11.40 – 12.25	Religion	Sport	Biologie	Kunst		
12.30 – 13.15	Deutsch	Sport		Kunst		

NAME: Joana Hafke   KLASSE: 5 c

Abschied muss man feiern

Noch ist es nicht soweit. Doch solltet ihr jetzt schon daran denken, wie ihr euren Abschied von der Grundschule gestalten wollt. Wer vier Jahre lang miteinander gelebt und gelernt hat, wird auch das Ende dieser gemeinsamen Zeit mit einem schönen Fest feiern. Dafür gibt es viele Möglichkeiten. Hier sind ein paar Anregungen und Ideen:

● Sammelt Fotos, Dias und Filme und zeigt sie auf eurem Abschiedsfest!

● Macht eine Ausstellung mit Zeichnungen, Bildern, Geschichten und Werkarbeiten aus den vier Grundschuljahren oder wenigstens aus der vierten Klasse!

● Wie wär's mit einer Klassenzeitung zum Abschied mit Geschichten und Gedichten, euren Lieblingsliedern und -spielen, mit Sprüchen, Wünschen und euren Adressen als Erinnerung an die Grundschulzeit und die Klassenkameraden?

● Oder spielt ihr gern Theater? Dann bereitet ein kleines Programm vor mit Sketchen und Liedern und überrascht damit eure Eltern und vielleicht sogar eure Lehrerinnen und Lehrer, wenn ihr alles ganz heimlich einstudiert!

● Denkt euch lustige Wettspiele für Eltern und Kinder aus!

● Wer sorgt für die Bewirtung der Gäste und was soll es zum Essen geben?

● Zum Abschluss eurer Feier könnt ihr ein lustiges Lied singen. Zu dem Lied auf der nächsten Seite könnt ihr selbst Strophen erfinden.

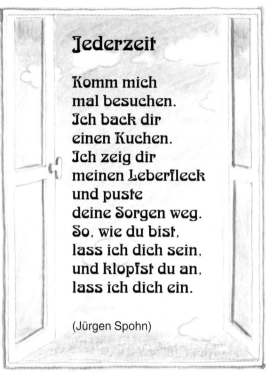

Jederzeit

Komm mich
mal besuchen.
Ich back dir
einen Kuchen.
Ich zeig dir
meinen Leberfleck
und puste
deine Sorgen weg.
So, wie du bist,
lass ich dich sein,
und klopfst du an,
lass ich dich ein.

(Jürgen Spohn)

ERINNERUNGEN AN UNSERE GRUNDSCHULZEIT

EIN BUCH DER KLASSE 4b

Einladung

Zu unserer Abschlussfeier am 23. Juli laden wir herzlich in die Schule ein.
Beginn: 15 Uhr
Ende: 19 Uhr
Für Unterhaltung ist bestens gesorgt!
Ihre Klasse 4b

Kommen Sie zum Abschlussfest, wir fliegen aus dem Grundschulnest.

Bye, bye, liebe Leut

T.: Edelgard Moers, M.: trad.

Vor vier Jah-ren, hört her, war das Le - sen noch

schwer und die Leh - rer uns noch nicht be - kannt.

Al - ler An - fang ist schwer. Doch wir ka - men gern

her, denn ihr nahmt uns gleich fest an die Hand.

Bye, bye, lie - be Leut. Wir tren-nen uns lei - der

heut. Nehmt den Ab-schied nicht schwer, denn wir

freu-en uns sehr auf die Zu-kunft mit neu-en I - deen.

Letzte Strophe:

Jetzt sind wir nicht mehr klein,
lesen Bücher allein
und verleben mit euch gern die Zeit.
doch bald pauken wir fein
Englisch, Bio, Latein.
Neue Schultüren öffnen sich weit,
Bye, bye, liebe Leut',
wir trennen uns leider heut.
Nehmt den Abschied nicht schwer,
denn wir freuen uns sehr
und vielleicht werden wir uns mal seh'n.

● Erfindet weitere Strophen, die von eurer
Grundschulzeit erzählen. Die letzten fünf
Zeilen ab „Bye, bye, liebe Leut'" können sich
immer wiederholen. Nach der ersten Strophe
werden eure Beiträge gesungen.
Macht dazu Bewegungen oder zeigt Bilder.
Ihr könnt auch entsprechende Requisiten in
der Hand haben.

Ich singe schon mehrere Jahre bei einer Band. Wir proben jede Woche an zwei Abenden. Das ist recht anstrengend. Am Wochenende haben wir Auftritte. Meist kommen wir erst gegen Morgen ins Bett. Wir haben schon CDs aufgenommen. Im Tonstudio wird dann stundenlang die Nummer durchgesungen, bis die Aufnahme im Kasten ist.

Da ich die Natur und die Tiere liebe, wollte ich schon immer Förster werden. Ich habe nach dem Abitur Forstwirtschaft studiert. Die meiste Zeit verbringe ich heute in meinem Büro um Hiebpläne, Kultivierungsmaßnahmen und Holzverkäufe vorzubereiten oder abzurechnen.

Schon als kleines Mädchen habe ich gern meine Puppen frisiert. Nach der Hauptschule habe ich eine dreijährige Lehre gemacht und bin heute Friseurin. Haare waschen, schneiden und fönen, damit eine tolle Frisur daraus wird, machen mir immer noch viel Spaß.

In unserem Verein gibt es sieben Jugendmannschaften. Von all den vielen bin ich der Einzige, der heute mit Fußballspielen sein Geld verdient. Ich trainiere täglich mehrere Stunden um meinen Stammplatz in der Mannschaft zu sichern. Das kann ich einige Jahre durchhalten, dann muss ich mich nach einem anderen Beruf umsehen.

TRAUMBERUF

Nach mindestens neun Jahren Schule und einer dreijährigen Lehre kann man in einem Beruf zu arbeiten beginnen. Manche gehen dreizehn Jahre zur Schule und sie studieren anschließend noch fünf Jahre. Mit welchem Alter beginnen sie zu arbeiten? Viele sammeln erste Berufserfahrungen in einem Praktikum. Alle stecken dann mehrere Jahrzehnte im Berufsleben. Neue Entwicklungen in dieser Zeit erfordern von allen die Bereitschaft zu einem lebenslangen Lernen. Oft ist sogar ein Berufswechsel notwendig. Wird jemand arbeitslos, so erhält er Arbeitslosengeld. Nach einem langen Berufsleben bezahlt der Staat Geld ohne Arbeit dafür. Das ist die Rente.

BERUFSTRAUM

Meinen Dienst als Lokführer versehe ich schon seit vielen Jahren. Nach meiner Ausbildungszeit bei der Deutschen Bahn bin ich mit den verschiedensten Lokomotiven auf allen möglichen Strecken gefahren. Oft musste ich auch auswärts übernachten.

Nach der mittleren Reife habe ich meine Ausbildung an einem Lehrkrankenhaus begonnen. Betten machen, Essen bringen, Patienten waschen habe ich bald beherrscht. Nur an den Nachtdienst konnte ich mich schwer gewöhnen. Aber es ist täglich eine Freude kranken Menschen helfen zu können.

Als Polizeibeamter bin ich nicht ständig auf Verbrecherjagd, wie viele von euch glauben. Viel mehr Zeit nehmen Anzeigen und Protokolle in Anspruch, die auf dem Revier geschrieben werden. Außerdem sind wir viel beschäftigt mit der Überwachung des Verkehrs.

Den Beruf eines Astronauten gibt es nicht. Ich bin ein ausgebildeter Wissenschaftler, der ein spezielles Training bekommen hat. Zuerst wurde ich aber unter vielen Bewerbern ausgesucht, die auch gerne in das Weltall geflogen wären. Die meisten meiner Kollegen sind ausgebildete Piloten. Leider fliegt man nur kurze Zeit im Weltraum, muss sich aber fast jahrelang darauf vorbereiten.

Wenn Katrin, Nico und Bastian auf dem Speicher spielen, verwandeln sie sich in Rennfahrer und Detektive, in Indianer und Popstars. Sie können viele Rollen übernehmen. Welchen Beruf möchtest du ergreifen?
Spiele deinen Lieblingsberuf vor ohne ein Wort dabei zu sprechen! Man nennt ein solches Gebärdenspiel „Pantomime".
Weißt du schon, was die Wörter Auszubildender oder Lehrling, Geselle und Meister bedeuten?
Hast du schon die Begriffe Teilzeitarbeit und Jobsharing gehört? Lass sie dir erklären!

Nico erzählt: „Wenn ich morgens aufstehe, ist Vater meistens schon zur Arbeit gefahren. Er isst mittags immer in der Kantine. Am späten Nachmittag kommt er müde zurück.
Manchmal macht er auch Überstunden. Dann wird es noch später. Das Geld, das er verdient, wird auf sein Bankkonto überwiesen. Wenn er sich im Geschäft geärgert hat, gehe ich ihm besser aus dem Wege. Besonders gut ist Vater aufgelegt, wenn am nächsten Tag ein Feiertag ist oder wenn er Urlaub hat. Endlich hat er einmal Zeit mit mir zu bauen und zu basteln. Darüber freue ich mich riesig."

Ein Nachbarbetrieb von Vater musste schließen. Die Produktion wurde ins Ausland verlagert. Alle Beschäftigten sind jetzt unverschuldet arbeitslos. Diese Familien müssen nun sehr sparsam mit dem Geld umgehen. Da muss manche Urlaubsreise ausfallen.

Katrin möchte mehr über den Beruf ihrer Eltern wissen. Sie hat sich Fragen überlegt, die sie an Vater und Mutter richten möchte.

 Diese Fragen möchte sie auch anderen Berufstätigen stellen.

Fragen zum Beruf:

1. Wie heißt der Beruf?

2. Wie lange dauert die Arbeit?

3. Wo befindet sich die Arbeitsstätte?

4. Wie lang ist der Weg zum Arbeitsplatz?

5. Macht die Arbeit Spaß?

6. Wie verläuft der Arbeitstag?

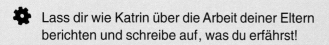 Lass dir wie Katrin über die Arbeit deiner Eltern berichten und schreibe auf, was du erfährst!

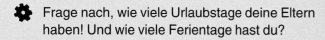 Frage nach, wie viele Urlaubstage deine Eltern haben! Und wie viele Ferientage hast du?

Lass dir über ihre Ausbildungszeit erzählen!

Ist Schule auch Arbeit? Wie lange arbeitest du in einer Woche für die Schule?

Die Arbeitsstätten in unserem Ort

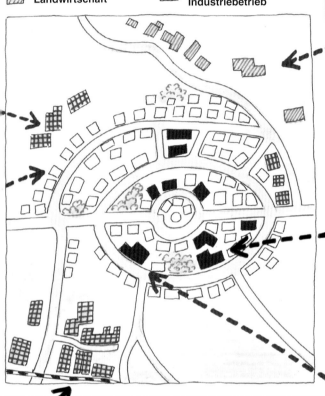

☐ Wohnhaus   ■ Geschäftshaus

▨ Landwirtschaft   ▦ Gewerbe- und Industriebetrieb

⚙ Diese Karte hat eine Klasse erstellt! Fertigt euch einen Plan an, in dem die Arbeitsstätten eurer Eltern eingetragen sind!

⚙ Achtet auf die Standorte, an denen sich die Betriebe befinden! (Denkt nach!)

> Ohne mich wäre mein Schuhmacher arbeitslos!

Wie weit sind die Arbeitsstellen von der Wohnung entfernt?

Verkehrsmittel / Entfernung	👟	🚲	🚗	🚌	🚊
bis 1 km	II			I	
bis 5 km		I			
bis 10 km				III	
über 10 km			IIII		

⚙ Bruno lacht: „Wenn mein Vater die letzte Tür im Hausgang öffnet, steht er schon im Geschäft!"

⚙ Die abgebildeten Fotos und Zeichen gehören zu folgenden Berufen: Arzthelferin, Bäcker, Buchbinder, Büroangestellte, Elektriker, Landwirt, Maurer, Maschinenführer, Mechaniker, Metzger, Schneider, Schreiner, Schuhmacher, Verkäuferin.

⚙ Viele Berufe lassen sich an ihren Arbeitsgeräten und ihrer Berufskleidung unterscheiden. Sucht Beispiele!

⚙ Spielt miteinander „Heiteres Beruferaten"!

⚙ Stellt ein Abc der Berufe zusammen!

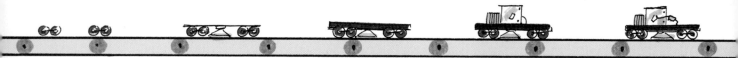

Während im Mittelalter und auch danach die meisten Waren von Hand hergestellt wurden, hat sich dies in den letzten 150 Jahren gewaltig verändert. Maschinen haben einen gewichtigen Anteil an der Arbeit übernommen.

Es begann mit Dampfmaschinen, die Webstühle und Hammerschmieden angetrieben haben. Dampfkessel waren es auch, die vor über 150 Jahren die Räder der ersten Lokomotiven zum Rollen brachten. Das erste Auto fuhr vor über 100 Jahren in den Straßen von Mannheim.

Schon 30 Jahre später rollten in Amerika Autos vom Fließband. Um mehr Waren noch schneller und noch billiger herstellen zu können wurde die Arbeit in kleine Einzelschritte aufgeteilt. Jeder Arbeiter führte stundenlang die gleichen Handgriffe aus, während auf dem Band die Werkstücke an ihm „vorbeiflossen". Diese Tätigkeit ist für Menschen sehr anstrengend und ermüdend.

Heute übernehmen vielfach schon automatisch gesteuerte Maschinen, sogenannte „Industrieroboter", die Arbeit. Die Menschen bilden Gruppen, die bestimmte Arbeiten unter sich aufteilen. Durch diese Teamarbeit machen alle weniger Fehler und haben mehr Freude an der Arbeit.

Hui, Hui!

Spielzeug kann man kaufen oder auch selber bauen. Kennt ihr schon den Zauberschrauber? Damit werdet ihr eure Freunde verblüffen. Hui, hui eine geschickte Bewegung mit dem Reibestab über die Kerben und der Propeller dreht sich nach rechts. Hui, hui und nochmals über die Kerben reiben und dieses Mal dreht sich der Propeller nach links. Das grenzt an Zauberei!

Aber nicht immer klappt das auf Anhieb. Ihr braucht etwas Übung und Geduld, bevor ihr euer Kunststück vorführen könnt. Manchmal muss man den Stecken weiter vorn oder weiter hinten halten; mit dem Reibestab schneller oder langsamer reiben. Spaß macht es, wenn der Propeller nur so saust. Und jetzt das Geheimnis: Die Drehrichtung des Propellers lässt sich ändern, indem ihr mit dem angewinkelten Finger einmal unten am Haltestab und das andere Mal mit dem Daumen oben an den Kerben entlangstreicht. Versucht es!

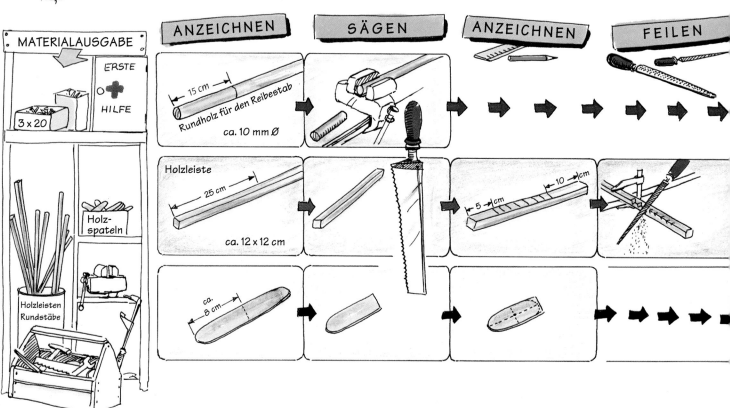

Schon immer haben Kinder gerne gespielt. Als Spielzeuge dienten ihnen zunächst Dinge, die überall aufzufinden waren: Holzstückchen, Rinde, Steine, Sand, Wasser … Die Kinder flochten Püppchen aus Stroh oder schnitzten Schiffe aus Holz. Viele Eltern bastelten für ihre Kinder besonders schönes Spielzeug: Puppen, Hampelmänner, Schaukelpferde.

Erwachsene, die ein besonderes Geschick dafür besaßen, stellten in sorgfältiger Handarbeit Spielsachen in größerer Zahl her. Das oft in langen Wintermonaten hergestellte Spielzeug wurde verkauft um zum Lebensunterhalt der Familie beizutragen. Handgefertigte Spielsachen sind heute bei Sammlern sehr beliebt und wertvoll. Um noch mehr und noch schneller Spielsachen derselben Art herstellen zu können entstanden bald richtige Spielzeugfabriken, in denen am Fließband hunderte oder gar tausende Spielzeuge am Tag hergestellt werden.

Beliebt sind Modellspielsachen, die den echten Gegenständen genau nachgebaut sind. Autos und Eisenbahnen, die ihren großen Vorbildern oft bis in die kleinste Einzelheit entsprechen, entzücken immer und laden zum Spielen ein.

Nach dieser Anleitung kann natürlich jeder seinen Zauberschrauber selbst bauen. Wenn ihr viele herstellen wollt, könntet ihr es mit einer Arbeit wie am Fließband versuchen. Zauberschrauber eignen sich nämlich auch als Geschenke für andere Schüler oder zum Verkauf beim Schulfest.

Für die Fließbandarbeit sind wie in einer richtigen Fabrik sorgfältige Vorbereitungen nötig. Schaut euch die Bildreihe unten genau an, dann könnt ihr eine Materialliste erstellen und die nötigen Werkzeuge mitbringen lassen. Nachdem das Material entsprechend der Klassengröße besorgt ist, werden die Arbeitsplätze an einer langen Bankreihe eingerichtet.

Überlegt gründlich: An manchen Arbeitsplätzen werden immer mehrere Kinder benötigt.

Bevor die Arbeit langweilig wird, solltet ihr eine Pause machen.

Für den Propeller nehmt ihr dünne Sperrholzleisten der Eisstäbchen oder Holzspatel aus der Apotheke.

Zauber-Schrauber

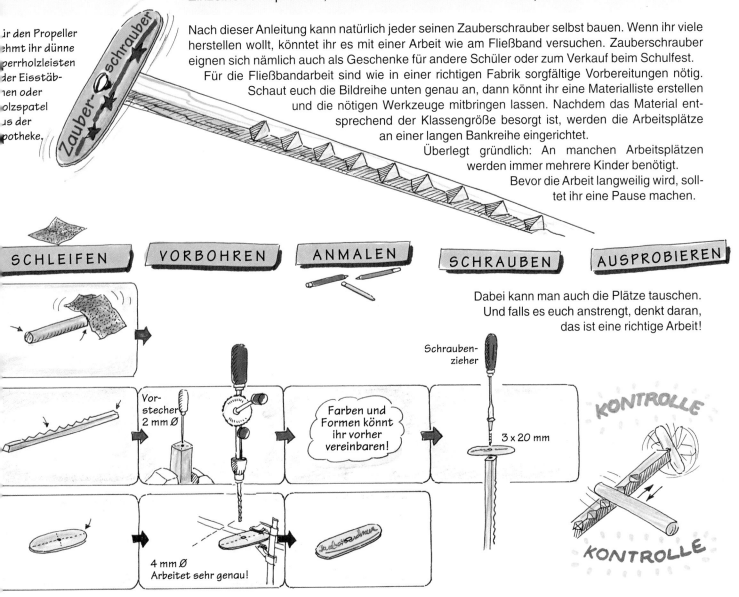

SCHLEIFEN · VORBOHREN · ANMALEN · SCHRAUBEN · AUSPROBIEREN

Dabei kann man auch die Plätze tauschen. Und falls es euch anstrengt, denkt daran, das ist eine richtige Arbeit!

Vorstecher 2 mm Ø

Farben und Formen könnt ihr vorher vereinbaren!

Schraubenzieher

3 x 20 mm

KONTROLLE

4 mm Ø
Arbeitet sehr genau!

KONTROLLE

Bastian, gehst du bitte für mich zum Bäcker! Ich habe das Mehl vergessen.

Ooch, warum gerade jetzt?

Die Mutter bittet Bastian ab und zu um kleine Arbeiten. Manchmal hilft er gern, aber meistens kommt es ihm recht ungelegen.

⚙ Spielt miteinander solche Szenen!

Kinderarbeit in einem englischen Bergwerk (um 1850)

Noch vor hundert Jahren mussten Kinder auch bei uns oft viel und schwer arbeiten. In Bergwerken zogen und schoben Kinder sogar unter Tage die gefüllten Loren, da sie in den niedrigen Stollen wegen ihrer kleinen Gestalt aufrecht gehen konnten. Zahlreiche Kinder waren bei Feldarbeiten beschäftigt oder hüteten den ganzen Tag über die Tiere, die regelmäßig auf die Weiden getrieben wurden.

Hausarbeiten wie Wasser holen, Holzscheite für den Herd bringen als auch sonst der Mutter oder dem Vater zur Hand gehen, waren tägliche Aufgaben von Kindern. Familien hatten in der damaligen Zeit oft viele Kinder. Sie konnten als billige Arbeitskräfte eingesetzt werden.

Deshalb konnten die meisten Kinder nur unregelmäßig oder gar nicht die Schule besuchen. Richtig lesen und schreiben lernten nur wenige.

Erst zu Beginn unseres Jahrhunderts wurde ein Kinderschutzgesetz eingeführt, das die Kinderarbeit verbot. Damit bekamen die Kinder Zeit Schulen zu besuchen wie auch einen Beruf zu erlernen.

⚙ Viele Geschichten erzählen, wie Kinder früher lebten und arbeiteten. Lest eine solche Geschichte in der Klasse!

⚙ Lass dir von älteren Leuten erzählen, wie sie in ihrer Kindheit arbeiten mussten!

⚙ Zähle auf, welche Arbeiten auch heute Kinder verrichten können! Ist das Kinderarbeit?

KINDERLEID

Juan und José, zwei neun Jahre alte Jungen, stehen vor dem Eingang zu einem Stollen. Der Stollen gehört zu einem Bergwerk in Südamerika. Mit den Werkzeugen in ihren Händen arbeiten sie acht Stunden täglich in den niedrigen und engen Gängen. Die Arbeit ist mühsam und gefährlich und oft geschehen Unfälle.

Die paar Pfennige, die sie verdienen, reichen kaum aus, um satt zu werden. Mit ihren Geschwistern und Eltern hausen sie in kleinen Hütten, die meist nur aus einem einzigen Raum bestehen. Obwohl sie hart arbeiten, werden Juan und José ihr Leben lang arm bleiben.

In vielen Ländern Asiens, Afrikas und Südamerikas müssen Kinder arbeiten und werden als billige Arbeitskräfte ausgenutzt. Sie verrichten zahlreiche niedrige Arbeiten. Dabei arbeiten sie als Schuhputzer, verkaufen Zeitungen, sammeln Schädlinge und hacken Felder, schleppen Wasser, sortieren Müll, knüpfen Teppiche. Manchmal ist die Not so groß, dass Eltern ihre Kinder für Monate oder Jahre an fremde Leute zum Arbeiten verleihen. Diese Kinder bleiben ohne Schulbildung und können keinen richtigen Beruf ergreifen.

Tausende von Kindern sitzen täglich vor ihren Webstühlen und weben oder knüpfen mit ihren kleinen geschickten Fingern Teppiche. Der Tagesverdienst reicht oft nicht einmal für das Essen. Da für jeden Meter eines Teppichs viele tausend Knoten benötigt werden, kann man sich vorstellen, wie anstrengend und langweilig zugleich sich die Arbeit über die vielen Stunden des Tages dahinzieht.

Weil die Kinder wenig Lohn erhalten, können die Teppiche mit großem Gewinn verkauft werden.

Heute kämpfen viele Menschen gegen die Ausbeutung von Kindern. Sie bauen zum Beispiel Kinderschutzzentren, in denen Ärzte und Lehrer tätig sind, die den ausgebeuteten Kindern helfen wollen.

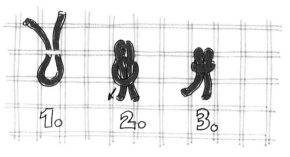

⚙ Besorgt euch Stramin und Wollreste! Dann könnt ihr anfangen einen Teppich zu knüpfen. Damit bekommt ihr sicher schnell eine Vorstellung von der Schwierigkeit der Arbeit.

⚙ Weitere Informationen könnt ihr von verschiedenen Organisationen wie Unicef, Terre des hommes, SOS-Kinderdörfer, Brot für die Welt, Misereor und dem Kinderschutzbund erhalten!

Rechte des Kindes

Nach dem Zweiten Weltkrieg wurden die Vereinten Nationen (UN) gegründet. Fast alle Staaten der Welt gehören dazu. Sie wollen erreichen, dass Frieden in der Welt herrscht und sich die Völker gegenseitig respektieren und freundschaftlich helfen.

Am 20. November 1959 verkündeten die Vereinten Nationen die Rechte des Kindes.

30 Jahre später, am 20. November 1989, formulierten sie einzelne Artikel.

Bastian und Katrin haben die Artikel so umformuliert, dass sie sie besser verstehen können.

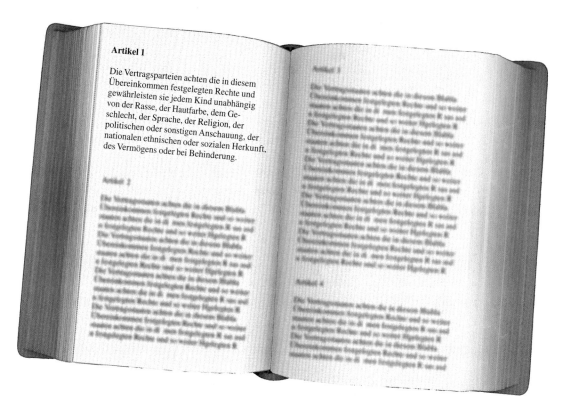

Jedes Kind, das geboren wird, hat das Recht einen Namen zu bekommen. Sein Vorname wie sein Familienname werden auf dem Standesamt in ein Verzeichnis eingetragen. Das Kind muss wissen, zu welchen Eltern es gehört und welche Staatsangehörigkeit es hat.

Kinder haben ein Recht darauf alles zu lernen, was sie möchten. Sie haben auch das Recht ihre Meinung zu sagen. Es muss ihnen ermöglicht werden eine Schule zu besuchen und sich zu informieren, damit sie sich eine eigene Meinung bilden und diese vor anderen vertreten können.

Alle Kinder sind gleich – ob sie türkische, amerikanische oder deutsche Eltern haben. Kein Kind darf benachteiligt werden, weil es eine andere Hautfarbe hat oder weil es ein Mädchen ist und nicht ein Junge.

Kinder haben ein Recht auf ausreichende Ernährung, eine Wohnung und ärztliche Hilfe. Sie müssen besonders betreut werden, wenn sie behindert sind.

Kinder haben das Recht auf gesunde geistige und körperliche Entwicklung. Sie haben auch ein Recht auf Erholung und Freizeit. Vor schlechter Behandlung, vor Gewalt, vor Ausbeutung und vor sexuellem Missbrauch sind sie zu schützen.

Kinder haben ein Recht auf Liebe, Verständnis und Fürsorge. Sie dürfen nicht von den Eltern getrennt werden. Wenn es Kinder nicht gut bei den Eltern haben, wenn sie misshandelt oder gequält werden, dann sucht das Gericht Pflegeeltern aus, die das Kind lieb haben und ihm ein gutes Zuhause geben.

- Ordnet jedem Recht das passende Bild zu. Sprecht darüber, wie ihr die Rechte versteht.
- Nehmt leere Karteikarten. Schreibt auf jede Karte eines der Rechte. Stellt jeweils ein Recht in kleinen Gruppen pantomimisch dar. Die anderen Kinder sollen es erraten.
- Sammelt Ausschnitte aus Zeitschriften oder Zeitungen, wo Rechte der Kinder be- oder missachtet wurden.
- Formuliert selbst Rechte, die euch im Miteinander in eurer Klasse oder in eurer Schule wichtig sind.
- Sammelt Beispiele aus eurer Umgebung, wo Kinder sich gegenseitig ihre Rechte nehmen.
- Überlegt: Warum hielten es die Vereinten Nationen für wichtig die Rechte des Kindes zu verkünden?

Jenny sagt: „NEIN!"

Die Jenny liebt das Schmusen sehr
und Kater Carlo noch viel mehr!
Wenn sie ihn streichelt, hält er still
und schnurrt und schmeichelt –
wenn er will.

Doch manchmal braucht er seine Ruhe
und faucht auf zärtliches Getue.
Die Jenny macht das zwar nicht froh,
doch ihr geht's häufig ebenso.

Auch sie – oft eine Schmusekatze –
faucht manches Mal:
„Hau ab, ich kratze!"

Ob Papa, Mama, Opa, Tante,
ob Onkel, Bruder und Verwandte,
Geschenke bringen und ihr schmeicheln,
sie lässt sich damit nicht erweichen:
Sie küsst und schmust nur, wenn sie will!
Kommandoküsse sind zu viel!

Die andern staunen manchmal bloß:
„Was ist denn mit der Jenny los? Ein Küsschen
hie und da in Ehren, tun brave Mädchen nicht
verwehren!", das denken oder sagen sie.

Doch Jenny weiß: „Ich mach' das nie! Wie ich
Kommandoküsse hasse, ob zarte, weiche, freundlich nasse!
Denkt nur, dass ich 'ne Kratzbürst' bin!
Ich schmus' doch nur nach meinem Sinn!"

Die Jenny schwärmt für Frank, den Vetter, denn täglich, auch bei Wind und Wetter, dreht er mit ihr 'ne Mofarunde und singt dabei aus vollem Munde. Er nimmt sie ernst und schon für voll, das findet sie an Frank so toll.

Doch eines Tages Regen draußen – er will nicht mit dem Mofa sausen, sagt er ganz freundlich: „Jennylein, ich weih' dich in ein Geheimnis ein. Schwörst du zu schweigen mir für immer, zeig' ich dir was in meinem Zimmer."

Ganz nah rückt er ihr dann im Zimmer ... die Jenny denkt: „Ist das ein Spinner! Ich will doch mit dem Typ nicht schmusen! Solch' Küsse kann ich nicht verknusen! Als Mofafreund war er zwar fit, doch dies hier mache ich nicht mit!"

Sie faucht und kratzt und schreit ihn an: „Du spinnst ja wohl, oh Mann, oh Mann! Geheimnis wahren kann ich wohl, wenn's schön ist und erfreuen soll! Doch bei der Frechheit, blöder Wicht, da halte ich gewiss nicht dicht!"

Und seid ihr selbst an Jennys Platz, dann schreit laut „Nein" und macht Rabatz, egal ob er euch gänzlich fremd, ob ihr ihn liebt, ob ihr ihn kennt: Nein, wirklich keinen müsst ihr lassen, wenn er es wagt, euch anzufassen, wo oder wie ihr's gar nicht wollt! Ihr seid im Recht, wenn ihr ihm grollt!

Schweig bloß nicht still in so 'nem Fall, wer das verlangt, der hat 'nen Knall! Hast du dich nicht gewagt zu wehren, kann's trotzdem sich zum Guten kehren. Such' dir 'ne Hilfe, denn zu zweien ist stärker man als ganz allein!

45

Das Lied von den Gefühlen

T. und M.: Klaus Hoffmann

Wenn ich glück-lich bin, weißt du was? Ja, dann hüpf ich wie ein Laub-frosch durch das Gras. Sol-che Sa-chen kom-men mir so in den Sinn, wenn ich glück-lich bin, glück-lich bin.

Wenn ich wütend bin, sag ich dir,
ja, dann stampf und brüll ich wie ein wilder Stier.
Solche Sachen kommen mir so in den Sinn,
wenn ich wütend bin, wütend bin.

Wenn ich albern bin,
fällt mir ein, ja, dann quiek ich manchmal
wie ein kleines Schwein.
Solche Sachen
kommen mir so in den Sinn,
wenn ich albern bin,
albern bin.

Wenn ich traurig bin,
stell dir vor,
ja, dann heul ich wie ein Hofhund
vor dem Tor.
Solche Sachen
kommen mir so in den Sinn,
wenn ich traurig bin,
traurig bin.

Wenn ich fröhlich bin,
hör mal zu,
ja, dann pfeif ich wie ein bunter
Kakadu.
Solche Sachen kommen mir so in den Sinn,
wenn ich fröhlich bin,
fröhlich bin.

(Klaus Hoffmann)

Pippi war ein sehr merkwürdiges Kind. Das Allermerkwürdigste an ihr war, dass sie so stark war. Sie war so furchtbar stark, dass es in der ganzen Welt keinen Schutzmann gab, der so stark war wie sie. Sie konnte ein ganzes Pferd hochheben, wenn sie wollte.

Pippi ging die Straße entlang. Sie ging mit dem einen Bein auf dem Bürgersteig und mit dem anderen im Rinnstein. Thomas und Annika sahen ihr nach, solange sie sie sehen konnten. Nach einer Weile kam sie zurück. Aber jetzt ging sie rückwärts. Das tat sie, damit sie sich nicht umzudrehen brauchte, wenn sie nach Hause ging. Als sie vor Thomas' und Annikas Gartentür angekommen war, blieb sie stehen. Die Kinder sahen sich schweigend an. Schließlich sagte Thomas:

„Warum bist du rückwärts gegangen?"

„Warum ich rückwärts gegangen bin?", sagte Pippi. „Leben wir etwa nicht in einem freien Land? Darf man nicht gehen, wie man will? Übrigens will ich dir sagen, dass in Ägypten alle Menschen so gehen und niemand findet das auch nur im Geringsten merkwürdig."

„Woher weißt du das?", fragte Thomas. „Du warst doch wohl nicht in Ägypten?"

„Ob ich in Ägypten war? Ja, da kannst du Gift drauf nehmen! Ich war überall auf dem ganzen Erdball und habe noch viel komischere Sachen gesehen als Leute, die rückwärts gehen. Ich möchte wissen, was du gesagt hättest, wenn ich auf den Händen gegangen wäre wie die Leute in Hinterindien."

„Jetzt lügst du", sagte Thomas.
Pippi überlegte einen Augenblick.

„Ja, du hast recht, ich lüge", sagte sie traurig.

„Es ist hässlich, zu lügen", sagte Annika, die jetzt endlich wagte, den Mund aufzumachen.

„Ja, es ist sehr hässlich, zu lügen", sagte Pippi noch trauriger.

Dein „Mienenspiel" sagt alles!

Jeder Würfel zeigt ein anderes Gesicht.

Erkennst du die Gefühle, die die Gesichter ausdrücken?

● Bastelt euch selbst Papierwürfel mit den sechs verschiedenen Gesichtsausdrücken.

Jemand würfelt versteckt und stellt dann diese Mimik dar.

Die anderen Kinder erraten die Stimmung. Dann darf das nächste Kind würfeln.

● Kannst du die Gefühle den Würfeln zuordnen:
zornig, erstaunt, gut drauf, fröhlich, traurig, strahlend, wütend, nachdenklich, heiter, freundlich, aufgeregt, entsetzt?

● **Wie magst du Pippi am liebsten:**

stark oder schwach, zurückhaltend oder vorlaut, wild oder zahm, höflich oder frech, rücksichtslos oder **rücksichtsvoll, lieb oder böse, mutig oder feige, nachtragend oder verzeihend, demütig oder stolz?**

Erwachsen

Kinder werden erwachsen.
Jeden Tag wachsen sie ein kleines Stück und
jeden Tag lernen sie ein klein wenig dazu.
Was wird wohl morgen los sein?
Was wird das nächste Jahr bringen?
Werde ich so stark sein wie Rambo, so hübsch
wie Barbie?
Mögen mich eigentlich meine Freunde und
Freundinnen?
Was mögen sie an mir und was nicht?
Was möchtest du gerne über Jungen und
Mädchen wissen?
Zu wem hast du Vertrauen? Mit wem kannst
du offen reden?
Wer beantwortet deine Fragen?

**Denken Jungen so
über Mädchen?**

Ich glaube, die ist in mich verknallt.

Die hat schon einen richtigen Busen.

Ob sie auf mich steht?

Wenn sie nur nicht so blöd wäre.

Ich werde sie verteidigen.

Warum sie wieder nicht mitschwimmt?

Ist sie schlecht drauf?

Das T-Shirt – echt geil!

Ich könnte mit ihr ins Kino gehen!

Wir Mensch
Aus Mädchen werden Frau
Unser Körper verändert sich, a
Sogar unser Verhält
zu den Geschwistern, Freund

Aus Jungen werden Männer.

Zwischen dem 11. und 14. Lebensjahr kommen Jungen in die Geschlechtsreife, in die Pubertät. Ihr Körper streckt sich und wird kräftiger. In den Achselhöhlen und an den Geschlechtsorganen wachsen Haare, im Gesicht wächst ein Bart. Später wird ihre Stimme rau und tief, sie sind im Stimmbruch. Jungen haben ein Glied. Dieses wächst in der Pubertät. Das sind Zeichen, dass Jungen zu erwachsenen Männern werden.

werden

Was unterscheidet Erwachsene von Kindern? Schreibt einige Merkmale auf!

Spielvorschlag
Schreibt fünf Eigenschaften von euch selbst auf. Diese Zettel werden eingesammelt, gemischt und wieder verteilt. Sucht nach der Person, die auf eurem neuen Zettel beschrieben ist!

Denken Mädchen so über Jungen?

Ob er mich mag?

Ob er zu mir hält?

Der sieht toll aus!

Ob ihn die anderen auch so toll finden?

Echt süß, wie er rot wird, wenn ich ihn anquatsche!

Der ist ganz schön mutig.

So ein Angeber!

Die blöden Witze kann er sich abgewöhnen.

ändern uns.
s Jungen werden Männer.
ch unser Denken und Fühlen.
Mutter und Vater,
d Bekannten wird ein anderes.

Aus Mädchen werden Frauen.

Zwischen dem 10. und 13. Lebensjahr kommen Mädchen in die Geschlechtsreife. Ihr Körper wird größer und rundlicher. Die Brust wächst. Unter den Achseln und an der Scheide wachsen Haare. In dieser Zeit setzt zum ersten Mal die Monatsblutung ein, man nennt sie auch Periode. Alle vier Wochen fließt dabei eine weibliche Eizelle aus der Scheide. In dieser Zeit ist es natürlich, wenn Mädchen Binden tragen. Mädchen wachsen zu jungen Frauen heran und können nun Kinder bekommen.

Die Bäume sind unsere Brüder

Immer wieder äußern die Kinder den Wunsch ein Indianerprojekt zu machen. Anfang des Sommers bietet es sich an. Als Vorbereitung informieren sie sich anhand vieler Sachbücher über das Leben der Indianer. Die Stadtbibliothek stellt ihnen eine ganze Kiste mit Material zur Verfügung. Katrin und Niko finden heraus, wo die Indianer lebten und welche Stämme es gibt. Ihre Ergebnisse haben sie aufgeschrieben und an die Pinnwand gehängt.

Vor 30 000 Jahren wanderten die Indianer aus Asien nach Amerika ein. Sie siedelten sich in verschiedenen Gegenden Nordamerikas an: im Südosten, im Südwesten, an der Küste, in den Wäldern, in der Prärie und in Alaska. Zu den Prärieindianern gehören die Stämme der Sioux, der Cheyenne und der Schwarzfußindianer. Zu den Waldindianern gehören die Stämme der Mohikaner und der Irokesen.

Die Kinder der Klasse geben sich Indianernamen. Steffi heißt „Helles Auge", Nico nennt sich „Feine Nase" und Tina möchte „Scharfes Ohr" gerufen werden.

● Denkt euch auch Indianernamen aus.

Die Indianernamen weisen oft auf bestimmte sinnliche Fähigkeiten hin. Indianer haben eine besondere Naturverbundenheit. Sie setzen sich an eine Stelle und lassen Stille und Aufmerksamkeit in sich einkehren und sie lernen durch genaue Beobachtung.

Ihr könnt wie die Indianer Spuren lesen:

Drei Kinder werden ausgelost Spurenleger zu werden. Alle anderen müssen die Spurenleger suchen. Einigt euch auf bestimmte Zeichen, die verwendet werden sollen. Die Spurenleger bekommen 15 Minuten Vorsprung. Verwendet für die Zeichen nur Dinge, die ihr im Wald findet. Mit kleinen Ästen, Steinen oder Moos setzt ihr kleine Pfeile so zusammen, dass sie eine Richtung angeben. Ihr könnt auch Laub so zurechtschichten. Die Spurensucher achten auf jede Kleinigkeit, weil sie ja eine Spur sein kann. Ein Kreis mit einem Punkt kündigt das Ende der Strecke an. An einem vorher abgesprochenen Treffpunkt warten die Spurenleger, falls sie nicht schon vorher von den Spurensuchern entdeckt worden sind.

Als Auszeichnung bekommt ihr farbige Perlen, die ihr an einem Lederband um den Hals tragen könnt. Für das Lösen weiterer Aufgaben gibt es neue Perlen, die ihr dazu reihen könnt.

Das Wort „Kinder" kennen die Indianer nicht. Sie heißen „Kleine Indianer" und haben die gleichen Rechte wie Erwachsene. Die Erwachsenen mischen sich nicht in Angelegenheiten der Kleinen und stören sie nicht beim Spielen. Die Kleinen kennen keine Langeweile. Die Großeltern oder Tanten erzählen ihnen oft Geschichten oder singen mit ihnen. Wo immer die Eltern hingehen, nehmen sie ihre Kleinen mit. Auch wenn die Kleinen größer werden, dürfen sie nicht angeschrien oder geschlagen werden. Sie werden nicht gezwungen etwas zu lernen, was sie nicht wollen. Die kleinen Indianer möchten aber viel über die Natur und das Leben erfahren und lernen durch Beobachten und Zuhören, Ausprobieren und Mitmachen.

Für die Indianer haben Pflanzen und Tiere ihren festen Platz in der Natur. Deshalb nehmen sie sich davon nur so viel zum Leben, wie sie unbedingt brauchen. Indianer glauben fest daran, dass man mit Tänzen zu den Geistern und den Kräften der Natur sprechen kann. Die Tänze werden mit Trommeln begleitet. Wenn zum Beispiel keine Büffel zum Jagen in der Gegend sind und die Indianer hungern müssen, dann tanzen sie um Büffel anzulocken. Sie tanzen auch, wenn es regnen soll oder um neue Kräfte zu gewinnen.

Anleitung für einen Indianertanz:
Beide Füße stehen nebeneinander. Nun gehst du in etwas gebückter Haltung mit dem rechten Fuß einen Schritt vor, dann wippst du wieder auf den linken, dann wieder auf den rechten, wieder zurück auf den linken und danach stellst du den rechten Fuß wieder zurück. Nun stellst du den linken Fuß vor, wippst wieder auf den rechten, danach wieder auf den linken und wieder auf den rechten. Anschließend wiederholst du den ganzen Vorgang.

- Macht euch über das Leben der Indianer kundig. In Sachbüchern findet ihr viele Informationen auch darüber, dass Indianer z. B. flechten, weben und schnitzen können.
- Näht aus Juteleinen und Leder Indianerkleidung und schmückt sie mit bunten Wollfäden und bunten Perlen.
- Findet heraus, warum sich Indianer bemalen.
- Indianer wohnen in Zelten, die Tipis genannt werden. Baut mit Hilfe eurer Eltern mehrere Tipis auf dem Schulhof auf und übernachtet dort.
- Plant auch eine Nachtwanderung ein, denn nachts sieht die vertraute Gegend auf einmal ganz anders aus als bei Tage.
- Stellt eure Anleitungen für Indianer-Tänze, Bauanleitungen für Instrumente und Nähanleitungen für Kleidung, Spielanleitungen, Liedertexte, wichtige Informationen aus dem Lexikon, eigene Texte über Beobachtungen im Wald, Zeichnungen und Fotos während der Projektarbeit zu einem Indianer-Buch zusammen.

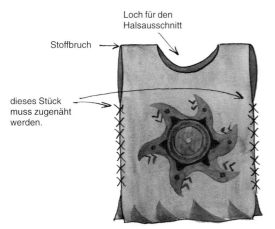

Loch für den Halsausschnitt

Stoffbruch

dieses Stück muss zugenäht werden.

Anleitung für ein Indianerhemd:
Besorgt euch Juteleinen. Schneidet für jedes Hemd ein Stück in der Größe 50 x 150 cm zu. Faltet den Stoff einmal so, dass er jetzt eine Größe von 50 x 75 cm hat. Den Stoffbruch legt nach oben und schneidet dort ein Loch für den Kopf hinein. An beiden Seiten müsst ihr ein Stück zunähen. Jedes Kind kann sein Hemd nach seinen Vorstellungen mit Perlen und bunten Wollfäden besticken und auch Fransen befestigen.

Ein Ausschnitt aus der Rede des Häuptlings Seattle:

„Jeder Teil dieser Erde ist meinem Volk heilig, jede glitzernde Tannennadel, jeder sandige Strand, jeder Nebel in den dunklen Wäldern, jede Lichtung, jedes summende Insekt ist heilig in den Gedanken und Erfahrungen meines Volkes. Der Saft, der in den Bäumen hochsteigt, trägt die Erinnerung des roten Mannes. Wir sind ein Teil der Erde und sie ist ein Teil von uns. Die Flüsse sind unsere Brüder. Sie stillen unseren Durst. Die Flüsse tragen unsere Kanus und nähren unsere Kleinen. Die Rehe, die Pferde und der große Adler sind unsere Brüder, die duftenden Blumen sind unsere Schwestern. Die felsigen Höhen, die saftigen Wiesen, die Körperwärme der Ponys und der Menschen, sie alle gehören zur gleichen Familie. Der Indianer mag das sanfte Geräusch des Windes, der über eine Teichfläche streicht und den Geruch des Windes, leicht nach der Reinigung durch den Mittagsregen oder schwer vom Duft der Kiefern. Die Erde ist eure Mutter … Was immer der Mensch der Erde antut, tut er sich selbst an …"

Eine Lichtung im Nadelwald

Laubwald, Nadelwald, Mischwald – jeder Wald hat seine Eigenart. Moose, Kräuter, Gräser, Sträucher und Bäume nutzen Luft und Licht aus und nehmen Feuchtigkeit und Nährstoffe aus dem Boden.
Tieren bietet der Wald Wohnstätte und Unterschlupf: Unzählige Insekten leben in einer Moos- und Grasdecke und in Rinde und Holz der Bäume; Vögel nisten im Gebüsch und in den Baumkronen; zahlreiche Lebewesen halten sich im Dickicht auf.
Alle finden im Wald ihre Nahrung. Sie fressen Früchte, Samen, Triebe, Gräser, aber auch kleine Tiere.

H.Wiechmann

Der Mischwald

Walddetektive auf Spurensuche

Diese Spur ist von einem Tausendfüßler.

Löcher und Gänge in verschneiten Ameisenburgen zeigen das Eindringen des Grünspechtes an. Diese Öffnungen können zu Störungen im Nesthaufen führen, deshalb verschließe sie vorsichtig mit Zweigen, Laub und Moos.

Findest zu Zapfen von Nadelbäumen, betrachte sie genau, dann kannst du feststellen, welches Tier sich daran zu schaffen gemacht hat:
Wenn der Zapfen sauber abgenagt und nur an der Spitze noch etwas dran ist, war es eine Waldmaus.
Wenn der Zapfen ganz zerzaust ist, hat ihn ein Specht in eine Baumritze geklemmt (Spechtschmiede) und dort bearbeitet.
Eichhörnchen reißen die Schuppen von unten nach oben ab und nehmen die Samen heraus. Nur der obere Zapfenteil bleibt wie ein Schopf stehen.
Sind einzelne Schuppen gespalten, war der Fichtenkreuzschnabel am Werk.

Immer auf dem Weg bleiben!

Samen dienen den Vögeln im Winter als Futter. In der freien Natur pickt der Stieglitz Samen aus der Distel, der Zeisig frisst junge Knospen, Drosseln und Finken laben sich an Hagebutten. Du kannst dies an den Pflanzenresten erkennen, die den Boden bedecken.

Greifvögel und Eulen würgen durch ihren Schnabel unverdaute Nahrungsreste, die Gewölle, hervor. Sperber und Habicht machen so auf ihren Aufenthaltsort aufmerksam.

Die Form des Tierkotes verrät etwas über die Ernährungsweise des Tieres. Kugelförmiger Kot stammt von einem Pflanzenfresser, wurstförmiger von einem Fleischfresser.

● Gehe mit offenen Augen durch den Wald und versuche den Tieren „auf die Spur" zu kommen.

Das Wildschwein

Länge: ca. 1,50 m
Gewicht: 175 kg

Aussehen:
– Ohren aufgerichtet
– Kopf länger als
  beim Hausschwein
– Schwanz nicht geringelt

Verhalten:
– Weibchen (Bache) lebt mit Jungen (Frischlingen) in
  der Rotte zusammen
– Männchen (Keiler) ist Einzelgänger
– suhlen sich gerne im Morast

Nahrung: Allesfresser (spitze Eckzähne – Hauer)
         Wurzeln, Pilze, Farne, Gräser, Eicheln,
         Bucheckern, Kartoffeln, Rüben, Aas,
         Würmer, junge Mäuse, Eier, Schlangen

Alter: bis 15 Jahre

Der Rothirsch

Länge: 2,50 m
Gewicht: 150 kg

Aussehen:
– Männchen (Bullen)
  tragen Geweih, das im
  Frühjahr abgeworfen
  und in 100 Tagen
  wieder aufgebaut wird

Verhalten:
– scheuer Waldbewohner
– Bullen verlassen in der Paarungszeit (Brunft) das
  Männerrudel und suchen sich eine Partnerin
– kämpfen um die Partnerin
– Hirschkuh ohne Geweih
– bringt ein Junges (Kalb) zur Welt

Nahrung: Pflanzenfresser
         Baumrinde, Gräser, Wildfrüchte, Verbiss
         von jungen Laub- und Nadelbäumen

Alter: bis 20 Jahre

Das Reh

Länge: ca. 1,40 m
Gewicht: 50 kg

Aussehen:
– Geweih wird im
  Herbst abgewor-
  fen, wächst im
  Frühjahr nach
– rotbraunes Sommerfell, färbt sich
  im Winter graubraun
– Fell der Jungtiere (Kitze) gefleckt

Verhalten:
– Rehböcke sind Einsiedler
– Weibchen (Ricke) bringt meist zwei Kitze zur Welt

Nahrung: Pflanzenfresser
         Gräser, grünes Laub, Eicheln,
         Bucheckern, Spitzen und Rinde von
         Jungbäumen (Wildverbiss)

Alter: bis 15 Jahre

Der Fuchs

Länge: 90 cm + 40 cm
        Schwanz

Gewicht: 7 kg

Aussehen:
– Fell rotbraun
– hundeähnlich

Verhalten:
– wohnt im Erdbau
– Nachtjäger
– Rüde (Männchen), Fähe (Weibchen), Welpe (Jungtier)
– Überträger der Tollwut (tödliche Krankheit), gegen
  die die Füchse seit 1983 Schluckimpfungen erhalten

Nahrung: Fleischfresser
         Mäuse, Kaninchen, kranke Tiere
         (Gesundheitspolizist des Waldes)

Alter: bis 10 Jahre

● Frage den Förster, ob es in den Wäldern
  in eurer Nähe diese Tiere gibt.

● Erkundige dich auch, ob andere Tiere in diesen
  Wäldern heimisch sind.

● Fertige für sie solche Steckbriefe an.
  Benutze dafür ein Lexikon oder Sachbücher.

„Heute ist es aber noch frisch", denkt Bastian, als er an einem Herbstmorgen in die Schule geht. Er ist froh, dass er sich seinen dicken Pullover übergestreift hat.

Da entdeckt er eine Amsel, die aufgeplustert im Gebüsch sitzt. Ob sie wohl krank ist? Als Bastian langsam auf sie zugeht, wird ihr Gefieder schnell glatt und sie streicht mit warnenden Rufen ab.
Bastian schaut recht verdutzt!

● Wie bereitet ihr euch zu Hause auf die kalte Jahreszeit vor? Berichtet.

Wer einen Vogel im Käfig hält, weiß, dass zu bestimmten Zeiten viele Federchen in und um den Käfig liegen. Diese Zeit nennt man Gefiederwechsel oder Mauser. Vor der kalten Jahreszeit wachsen besonders den Vögeln im Freien viele dichte Flaumfedern oder Daunen. Zwischen den Federn bilden sich Luftpolster, die helfen, die Kälte abzuhalten.

Deckfeder

Daune

So helfen viele Tiere sich selbst:

Bei Tieren, die ein Fell tragen, bildet sich beim Haarwechsel vor der kalten Jahreszeit eine dichte Unterwolle. Dieser Winterpelz schützt vor Kälte und Nässe.
Zusätzlich wechseln manche Tiere, z. B. das Hermelin, das bräunliche Sommerfell gegen einen schneeweißen Winterpelz um eine bessere Tarnung zu haben.

Deckhaar

Unterwolle

Insekten suchen sich in Mauer- oder Baumritzen ein geschütztes Plätzchen.

Eidechsen verkriechen sich unter Steinen oder in Erdhöhlen.

Dachs, Igel, Rehe und Wildschweine mästen sich im Herbst. Sie fressen sich eine dicke Fettschicht an, von der sie im Winter zehren und die sie zusätzlich vor Kälte schützt.

Hamster und Mäuse legen sich einen unterirdischen Wintervorrat an. Sie sammeln Getreidekörner oder Mais. Der Maulwurf hat in seinem Bau sogar eine Kammer mit einem Vorrat an Regenwürmern.

Wenn die Tage kühler werden, ziehen sich die Insekten in ihre Winterquartiere zurück. Für die Insekten fressenden Vögel gibt es nur noch wenig oder gar kein Futter mehr. Sie können nicht bei uns überwintern.
Diese Vögel fliegen oft über Tausende von Kilometern in die warmen Länder Afrikas um dort die Wintermonate zu verbringen. Man nennt sie deshalb Zugvögel. Erst im Frühjahr kehren sie wieder zurück um bei uns zu brüten. Erstaunlich ist, dass sie über so große Entfernungen oft genau an den Ort zurückfinden, von dem sie im Herbst weggezogen sind.

- Besorgt euch verschiedene Arten von Federn.

- Sprich mit einem Hundebesitzer über den Haarwechsel.

- Dass auch Menschen gerne Pelze tragen, bedroht bestimmte Tierarten.

- Besonders leichte und warme Federbetten sind mit Daunen gefüllt. Warum wohl?

So könnt ihr hungernden Vögeln helfen:

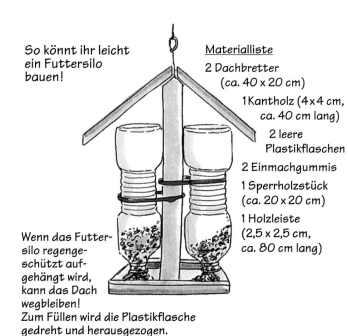

So könnt ihr leicht ein Futtersilo bauen!

Wenn das Futtersilo regengeschützt aufgehängt wird, kann das Dach wegbleiben!
Zum Füllen wird die Plastikflasche gedreht und herausgezogen.

Materialliste
2 Dachbretter
(ca. 40 x 20 cm)
1 Kantholz (4 x 4 cm, ca. 40 cm lang)
2 leere Plastikflaschen
2 Einmachgummis
1 Sperrholzstück
(ca. 20 x 20 cm)
1 Holzleiste
(2,5 x 2,5 cm, ca. 80 cm lang)

- die Holzleiste in 4 gleiche Stücke schneiden und als Kante um das Sperrholzstück nageln

- das Kantholz senkrecht in die Mitte des Sperrholzbrettes schrauben

- auf jeder Seite eine leere Plastikflasche mit der Öffnung nach unten mit einem Einmachgummi befestigen

- die Dachbretter und eine Aufhängung anbringen

- Was kannst du noch tun? Für Rehe und Wildschweine? Für Igel? Für Insekten?

Das Eichhörnchen polstert mit Gräsern und Heu seinen Kobel aus.

Jetzt, wenn es draußen stürmt und kalt ist, schläft es sich gut im ausgepolsterten Kobel.

Im Herbst frisst sich der Igel eine dicke Fettschicht an.

An vielen Stellen vergräbt das Eichhörnchen Eicheln und Bucheckern als Wintervorrat.

Der Igel hat es sich im Laubhaufen bequem gemacht.

Die Erdkröte bleibt tagsüber in ihrer Erdhöhle. Nachts jagt sie Schnecken und anderes Getier.

Die Erdkröte sitzt erstarrt in ihrer Erdhöhle.

September **Oktober** **November** **Dezember**

Tschüs, bis zum nächsten Jahr!

● Welche Tiere könnt ihr auch in der kalten Jahreszeit beobachten? Notiert in einem Kalender, an welchen Tagen im Spätherbst ihr Stare, Amseln, Bienen, Wespen, Fliegen, Igel und andere Tiere zum letzten Mal beobachten könnt. Vergleicht die Skizze!
● Es gibt viele Bücher, in denen ihr noch mehr über Tiere nachlesen könnt! Benutzt eure Schulbücherei oder eine Bibliothek!

Datum	Tierart
27. 10.	
28. 10.	Amsel, Igel
29. 10.	Amsel
30. 10.	Amsel
31. 10.	Eichhörnchen
1. 11.	Amsel
2. 11.	Amsel
3. 11.	Amsel

...schlafen!

Das Eichhörnchen verlässt manchmal seinen Kobel um von den versteckten Vorräten zu fressen.

Frische Knospen sind eine willkommene Nahrung.

Der Igel schläft.

Hungrig ist der Igel aufgewacht und sucht gleich etwas zum Fressen.

Die Erdkröte hockt unbeweglich in ihrer Erdhöhle.

Nachdem die Erdkröte aufgewacht ist, wandert sie sofort zu ihrem Laichplatz.

Wenn es draußen frostig wird, bleiben Winterruher viele Tage in ihrem Bau. Sie liegen bewegungslos da und schlafen. Ihre Körpertemperatur sinkt kaum ab. Bei schönem Wetter oder wenn sie Hunger haben, bedienen sie sich aus ihren Vorräten. Zu den **Winterruhern** gehören auch Hamster, Maulwurf und Dachs.

Die **Winterschläfer** legen sich im Herbst in ihr Winterlager und schlafen viele Wochen hindurch, bis die kälteste Zeit vorbei ist. Das Herz macht nur wenige Schläge in der Minute. Der Atem geht ganz langsam. Die Körpertemperatur sinkt bis wenige Grade über 0°C ab. Ihr Körper wird wieder warm, wenn sie zu erfrieren drohen. Andere Winterschläfer sind Siebenschläfer, Murmeltier und die Fledermäuse.

In den ersten frostigen Tagen verkriechen sich die meisten Insekten und Lurche in Spalten, Ritzen und Höhlen. Sie werden durch die Kälte starr und steif. In sehr kalten Wintern erfrieren viele von ihnen. Erst die wärmende Frühjahrssonne weckt sie aus ihrer **Winterstarre** wieder auf.

Januar   Februar   März   April   Da bin ich wieder!

● Überlegt, warum oft gerade dort junge Bäumchen zu finden sind, wo Eichhörnchen leben!

● Versucht herauszufinden, woher der Siebenschläfer seinen Namen hat! Lest nach im Lexikon!

Siebenschläfer.
Lebt in Wäldern und Obstgärten.
Körperlänge 15 cm,
Schwanz 13 cm.
Geht nachts auf Nahrungssuche.

59

Tiere des Feldes

Lange schon kreist der Habicht über dem Acker. Plötzlich stößt er herab und stürzt sich auf einen Hasen, der gerade noch an Gräsern mümmelte. Der Habicht krallt sich im Rücken des Hasen fest – und mit atemberaubender Geschwindigkeit versucht „Meister Lampe" diesen „todbringenden Reiter" loszuwerden und zu entfliehen. Vielleicht hilft ein Sprung in die Hecke am Feldrain? Ein Haken, die Füße wirbeln noch schneller – schon ist der Hase in den Büschen verschwunden.
Kurz darauf kommt er auf der anderen Seite der Hecke wieder hervor – ohne den Habicht. Dieser hat sich im stacheligen Gezweig so verstrickt, dass er lange zur Befreiung braucht.
Leider beseitigen noch immer viele Bauern Hecken, Büsche und Bäume zwischen ihren Feldern. Damit fehlen aber dem Fasan, dem Rebhuhn und der Wachtel ebenso wie dem Hasen die Möglichkeiten Deckung zu finden.

- Erstelle zu allen Tieren des Feldes Steckbriefe. Schaue im Sachbuch oder Lexikon nach.

- Wer ist nun für das Verschwinden dieser Tiere verantwortlich? Der Mensch oder der Habicht? Begründe deine Meinung.

- Stelle mit den abgebildeten Tieren des Feldes eine einfache Nahrungskette auf. Begründe deine Zuordnung. Die einzelnen Steckbriefe helfen dir.

Steckbrief Wildkaninchen

Länge:	45 cm
Gewicht:	2 kg
Alter:	7 Jahre
Höchstgeschwindigkeit:	38 km/h
Geburt:	4–7 Würfe mit 4–7 Jungen
Neugeborene:	fast nackt
Wohnung:	Erdbau
Nahrung:	

Steckbrief Feldhase

Länge:	63 cm
Gewicht:	3,8 kg
Alter:	7 Jahre
Höchstgeschwindigkeit:	70 km/h
Geburt:	3–4 Würfe mit 2–5 Jungen
Neugeborene:	warmes Fell
Wohnung:	Offene Mulde (Sasse)
Nahrung:	

Von der Raupe zum Schmetterling

Die Kinder der 4. Klasse machen einen Ausflug in den Zoo. Dort gibt es ein Schmetterlingshaus. Tina erschrickt, als sie mehrere Schmetterlinge im Gesicht und in den Haaren spürt. Doch dann lacht sie und staunt über die kleinen Tiere, die wie fliegende Blumen aussehen.

Die Pflegerin im Schmetterlingshaus erzählt: „Es gibt insgesamt hunderttausend verschiedene Schmetterlingsarten. Früher glaubten die Menschen, dass Raupen und Schmetterlinge zwei verschiedene Tiergruppen sind. Ein Schmetterling verbringt den größten Teil seines Lebens als Raupe. Zweimal verwandelt er sich." Alle Stationen der Entwicklung zeigt die Pflegerin den Kindern:

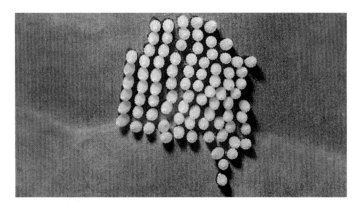

Das Schmetterlingsweibchen legt seine Eier auf ganz bestimmten Pflanzen ab. Die Eier sind so klein, dass man sie nur mit der Lupe sehen kann.

Zuerst schlüpfen aus den Eiern kleine Raupen. Die Raupen sind sehr hungrig …

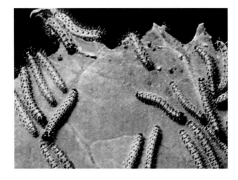

… und fressen und fressen und werden größer und größer.

Sie platzen aus allen Nähten und bekommen mehrmals eine neue Haut.

Jede einzelne Raupe spinnt sich nun zu einer Puppe ein. Dabei verändert sie ihre Farbe und frisst auch nicht mehr. Mit dem Hinterteil hängt sie an einem Ast und wird ganz hart.

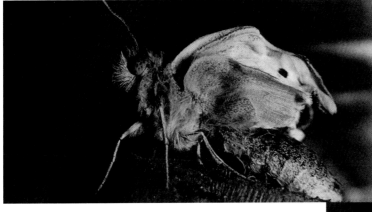

Schließlich schlüpft aus der Puppe ein Schmetterling. Das nennt man Metamorphose. Nach der Verwandlung hat der neugeborene Schmetterling noch zusammengedrückte Flügel. Um sie auszubreiten spannt er seine Muskeln an und pumpt Blut und Luft in die winzigen Adern.

Ein Schmetterling ernährt sich von Nektar, einem süßen Saft, der von den Pflanzen abgesondert wird. Er saugt ihn mit Hilfe seines Rüssels auf.

Schmetterlinge sind sehr nützlich. Sie bestäuben die Blüten und ermöglichen das Wachstum von Obst und Gemüse. Die Entwicklung vom Ei bis zum Schmetterling dauert etwa 6 Wochen. Die Raupen leben meist auf Pflanzen und in Gruppen. Ein Schmetterling dagegen bleibt meist allein.

Admiral

Raupe des Admirals

Raupe des Kleinen Fuchses

Kleiner Fuchs

Pfauenauge

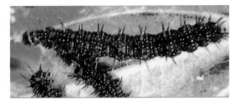

Raupe des Pfauenauges

Raupe des Zitronenfalters

Zitronenfalter

● Achte in der freien Natur auf Schmetterlinge und versuche ihren Namen herauszufinden. Lege Steckbriefe an.

An einem sonnigen Tag machen die Kinder eine Wanderung zum „Blauen See", der in der Nähe ihrer Schule liegt. Die Kinder nehmen Schreibmaterialien und Bestimmungsbücher mit. Sie wollen heute das Leben am See näher ergründen.

Die Pfeile zeigen, wer wen frisst.

Seeadler

Hecht

Fischreiher

Kaulquappe

Frosch

Stichling

Insekten

Hüpferling

Wasserfloh

Einzeller, Algen und Bakterien

Der See bildet eine große Lebensgemeinschaft. Rechnen wir den gesamten Lebensraum mit hinzu, so bezeichnen wir dies alles als Ökosystem.

Schwimmendes Laichkraut

Die Kinder machen eine Zeichnung von den Uferpflanzen.

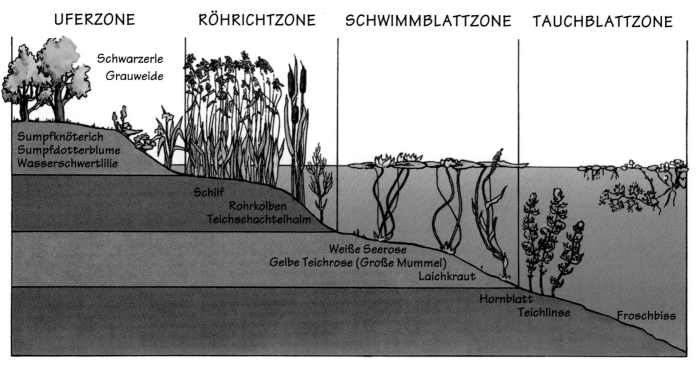

UFERZONE   RÖHRICHTZONE   SCHWIMMBLATTZONE   TAUCHBLATTZONE

Schwarzerle
Grauweide

Sumpfknöterich
Sumpfdotterblume
Wasserschwertlilie

Schilf
Rohrkolben
Teichschachtelhalm

Weiße Seerose
Gelbe Teichrose (Große Mummel)
Laichkraut

Hornblatt
Teichlinse
Froschbiss

„Blauen See"

Das Ufer des Sees ist von einem dichten Pflanzengürtel bewachsen. Darin leben viele Wasservögel und Fische. Um die Tiere nicht zu stören, darf man mit dem Boot nicht in diese Zone hineinfahren und dort auch nicht baden.
Unter diesen Pflanzen sind zwei, die wie riesige Gräser aussehen: Sie heißen Rohrkolben und Schilf.

Der Rohrkolben bildet im Herbst braune Kolben. Er kann bis zu 2 m Höhe heranwachsen. Seine Blätter sind schmal und steif.
Das Schilf kann bis zu 5 m hoch werden und bildet rötlich-braune Rispen. Seine Blätter sind schmaler und weicher als die des Rohrkolben. Schilf ist eines der wichtigsten Gräser der Welt. Auch in manchen Gegenden Deutschlands werden Hausdächer mit Schilf gedeckt. Außerdem dient es als Baumaterial und zur Papierherstellung.

In einer Bucht fallen den Kindern auf dem Wasser schwimmende, weiße Blüten auf. Nur bei klarem Wetter öffnen sie ihre Blüten, bei trüber Witterung bleiben sie geschlossen.

Mit den Seerosen sind Märchen und Sagen verbunden. Ein indianisches Märchen erzählt Folgendes:
Einst stritten sich der Abend- und der Morgenstern so heftig um einen Pfeil, den ein Häuptling in die Luft geschossen hatte, dass die Funken stoben. Diese fielen ins Wasser und aus ihnen entstanden die den Indianern heiligen Seerosen.

Die Große Mummel (Gelbe Teichrose) wächst sehr langsam. Erst nach vier Jahren blüht sie. Die Gelbe Teichrose hat wie die Weiße Seerose Schwimmblätter. Die Blattstiele beider Pflanzen sind sehr lang und befinden sich unter Wasser.

In der Ufernähe finden die Kinder auch die gelb blühende Wasserschwertlilie, die Blätter mit abwischbarem Wachsüberzug besitzt. Unter den Pflanzen des blauen Sees gibt es auch Giftpflanzen. Zu ihnen gehören die Sumpfdotterblume, der Wasserschierling und die Sumpfcalla. Letztere wird wegen ihrer Blütenform auch „Schweinsohr" genannt.

Ihre Ergebnisse, Zeichnungen und Fotos kleben die Kinder auf große Plakate und organisieren damit eine Ausstellung im Foyer der Schule.

Aus dem See darf keine stinkende Brühe werden

Auch wenn wir es uns vielleicht nicht vorstellen können, ist Süßwasser unvorstellbar knapp auf unserer Erde. Verkleinern wir einmal in Gedanken die Erdkugel so weit, dass das Wasser aller Ozeane, welches salzig schmeckt, in ein Schwimmbecken von 25 Meter Länge, 8 Meter Breite und 2 Meter Tiefe passt, dann reicht das Süßwasser aller Seen gerade für zwei Eimer und der Inhalt aller Bäche und Flüsse der Welt nur noch für einen Trinkbecher.

Die Wasserpflanzen eines Sees produzieren wie alle anderen Pflanzen auf unserer Erde den lebenswichtigen Sauerstoff für Tiere und Menschen. Die Wassertiere verbrauchen diesen Sauerstoff.
Gelangen aber Jauche aus der Tierhaltung und Düngemittel von den Feldern in das Wasser der Bäche, arbeiten die Kläranlagen nicht oder verschmutzen Menschen mit Abwässern, Ölen und anderen giftigen Stoffen die Gewässer, kann ein See sterben.

„... könnte man das Süßwasser aller Seen in 2 Eimern ..."

„... und das Wasser aller Flüsse und Bäche in einem Trinkbecher unterbringen!"

„Wenn das Salzwasser aller Ozeane in ein Schwimmbecken passen würde ..."

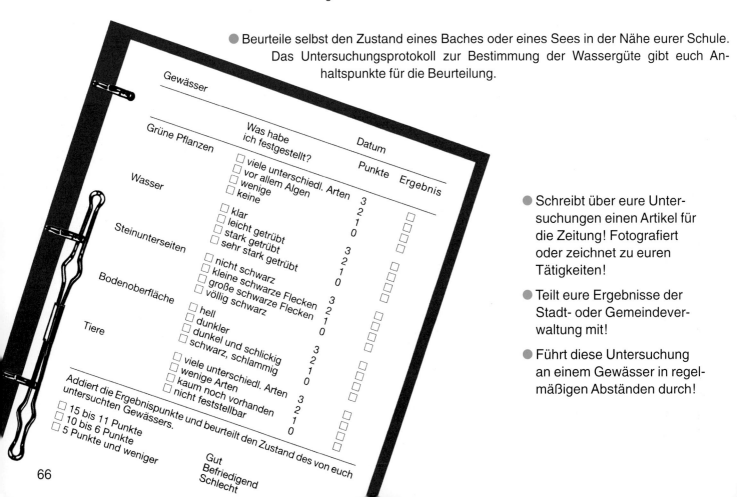

Zuerst sinken die toten Wasserflöhe auf den Boden. Wenn die Pflanzen absterben, wird nicht mehr genügend Sauerstoff produziert, so dass auch die Tiere nicht mehr leben können. Eines Tages treiben die Fische tot auf dem Wasser.

● Beurteile selbst den Zustand eines Baches oder eines Sees in der Nähe eurer Schule. Das Untersuchungsprotokoll zur Bestimmung der Wassergüte gibt euch Anhaltspunkte für die Beurteilung.

Gewässer

Datum

Grüne Pflanzen	Was habe ich festgestellt?	Punkte	Ergebnis
	☐ viele unterschiedl. Arten	3	
	☐ vor allem Algen	2	
	☐ wenige	1	
	☐ keine	0	
Wasser	☐ klar	3	☐
	☐ leicht getrübt	2	
	☐ stark getrübt	1	
	☐ sehr stark getrübt	0	
Steinunterseiten	☐ nicht schwarz	3	☐
	☐ kleine schwarze Flecken	2	
	☐ große schwarze Flecken	1	
	☐ völlig schwarz	0	
Bodenoberfläche	☐ hell	3	☐
	☐ dunkler	2	
	☐ dunkel und schlickig	1	
	☐ schwarz, schlammig	0	
Tiere	☐ viele unterschiedl. Arten	3	☐
	☐ wenige Arten	2	
	☐ kaum noch vorhanden	1	
	☐ nicht feststellbar	0	

Addiert die Ergebnispunkte und beurteilt den Zustand des von euch untersuchten Gewässers.
☐ 15 bis 11 Punkte   Gut
☐ 10 bis 6 Punkte   Befriedigend
☐ 5 Punkte und weniger   Schlecht

● Schreibt über eure Untersuchungen einen Artikel für die Zeitung! Fotografiert oder zeichnet zu euren Tätigkeiten!

● Teilt eure Ergebnisse der Stadt- oder Gemeindeverwaltung mit!

● Führt diese Untersuchung an einem Gewässer in regelmäßigen Abständen durch!

Warum können Fische so schnell schwimmen?

Tiere, die im Wasser leben, sind im Körperbau und ihrer Lebensweise diesem Lebensraum besonders angepasst.

Neben der besonderen Körperform der Fische spielen bei diesen die Flossen eine wichtige Rolle für die Fortbewegung. Außerdem ist ihre schleimige Haut von Schuppen bedeckt, die das Gleiten im Wasser erleichtern. Viele Fische schwimmen mit Schlängelbewegungen ihres gesamten Körpers.

- Vergleiche die Körperform der Fische mit Dingen des Alltags.

- Besuche einen Zoo oder betrachte die Zierfische im Aquarium. Wie viele und welche Flossen haben die Fische?

Wenn du herausfinden willst, wie die Körperform Fische beim Schwimmen unterstützt, führe folgendes Experiment durch:

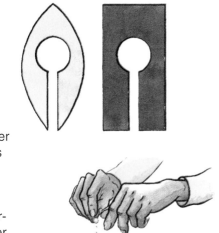

1. Bastle dir zwei Figuren aus Zeichenkarton, wie sie hier abgebildet sind. Sie werden in eine große Schüssel mit Wasser gelegt. Gib gleichzeitig in jedes Loch einige Körnchen Waschmittel. Was passiert?

2. Für jede Wiederholung des Versuches musst du neues Wasser verwenden. Vergleiche die Geschwindigkeiten der beiden Modelle! Du kannst die Formen auch verändern. Vergleiche mit der Körperform von Fischen!

Überleben durch Anpassung

Auch andere Tiere am Wasser haben sich sehr gut an ihren Lebensraum angepasst. So suchen zahlreiche Vögel ihre Nahrung im Wasser. Manche können tauchen, andere schwimmen vortrefflich. Einige waten im Flachwasser und warten dort auf Beute.

Kennst du die abgebildeten Vögel?

Höckerschwäne

Junge Graureiher

Rohrweihe

Blässralle

Stockente

Eisvogel

- Schließe vom Körperbau, der Schnabelform und dem Aussehen ihrer Füße auf die Lebensweise und die Nahrung!

Wie funktioniert ein Garten im Glas?

Katrin, Nico und Bastian wollen einen Flaschengarten anlegen. Da sie keine geeignete Flasche haben, nehmen sie ein leeres *Aquarium,* das sie später mit einer Glasscheibe zudecken. Vorsicht: Das Glas muss farblos sein!

Auf den Boden kommt zunächst eine Schicht *Kies* (zerklopfte Tonscherben oder Holzkohlen sind auch möglich).

Darüber streuen sie *Blumenerde* (oder Gartenerde mit etwas Torf). In diese Erde setzen sie nun ihre Pflanzen: ein Usambaraveilchen, Farne, eine Buntnessel und Efeu. Katrin legt zur Verzierung einen Stein dazu. Die Pflanzen werden gut *angegossen.* Dann wird das ganze Aquarium mit einer Glasscheibe *verschlossen.*

Nun macht der Garten keine Arbeit mehr. Er funktioniert ganz von allein und sieht sehr hübsch aus.

Außer Licht und Wärme kann nichts mehr in das Glas hinein und nichts mehr heraus. In dem Garten wird das Wasser von den Pflanzen aufgesogen, verdunstet an der Oberfläche der Blätter und wird durch die feuchte Luft der Erde wieder zugeführt. Damit ist der Wasserkreislauf geschlossen.

● Neben dem Wasserkreislauf gibt es auch einen Ernährungskreislauf. Versucht ihn herauszufinden und beschreibt ihn!

● Erkläre, wie in dem Garten im Glas das Leben in der Natur nachgeahmt wird!

Stellt euren eigenen Garten im Glas her!

Ihr werdet viel Freude haben!

Wer seinen Garten in einem Glas mit kleiner Öffnung anlegen will, muss sich hierfür eigenes Handwerkszeug herstellen.

Pflanzen brauchen auch Wärme.
In diesem Garten steht ein beheizbares Gewächshaus. In ihm wächst und gedeiht Gemüse, selbst wenn draußen die Nachtfröste Unheil anrichten.

Ein kleines Gewächshaus könnt ihr für euer Gemüse aber auch selbst herstellen, **einen Folientunnel!** Auch er schützt vor Witterungseinflüssen, vor Kälte, Wind, Regen und Hagel.

Was brauchen Pflanzen zum Leben?

Katrin hat einen Flaschengarten gesehen. In einem großen Glaskolben leben schon seit vielen Monaten ein Usambaraveilchen, eine Buntnessel, Farn und Efeu, obwohl das Glas verschlossen ist, niemand gießt und die Pflanzen nicht mehr besonders gepflegt werden. Wie ist das möglich? – Was brauchen Pflanzen zum Leben?

Pflanzen brauchen Licht und Wärme!

Damit Pflanzen die Kraft haben Nahrung aufzunehmen und Luft umzuwandeln spendet ihnen die Sonne Energie.

Pflanzen brauchen Luft!

Um Nährstoffe in Pflanzenteile umzuwandeln, in Blätter, Zweige, Blüten und Samen brauchen sie Luft. Die Blätter nehmen Atemluft auf, durch das „Blattgrün" wird sie umgewandelt und erneuert und als Sauerstoff wieder zurückgegeben.

Pflanzen brauchen Nahrung!

Das Wasser löst Nährstoffe aus der Erde und bringt sie den Pflanzen mit, wenn das Wasser durch die Wurzeln aufgesogen wird.
Ein Teil des Wassers verdunstet wieder an der Oberfläche von den Blättern.

Ohne Erde, Wasser, Luft, Licht und Wärme können Pflanzen nicht leben!

69

Jeder Boden hat seinen Namen

Wenn du bei einer Baugrube den Rand betrachtest, kannst du feststellen, dass der Boden aus verschiedenen Schichten aufgebaut ist. Die Farben dieser Schichten reichen von bräunlich schwarz bis gelblich braun. Die obersten Bodenschichten (bis etwa 30 cm) heißen Oberboden oder Mutterboden. Diese Bodenschichten bedecken die ganze Erdoberfläche.

Eine Schaufel voll Mutterboden enthält nicht nur Wurzeln, kleine Tiere und Gesteinsteilchen, sondern auch Humus. Wir wissen aus dem Schulgarten, dass humusreicher Boden fruchtbar ist. Er ist gut durchlüftet, durch seine dunkle Farbe erwärmt er sich leicht. Er hält Feuchtigkeit, Nährstoffe und Wärme gut fest. Die Bodenlebewesen fühlen sich darin wohl.

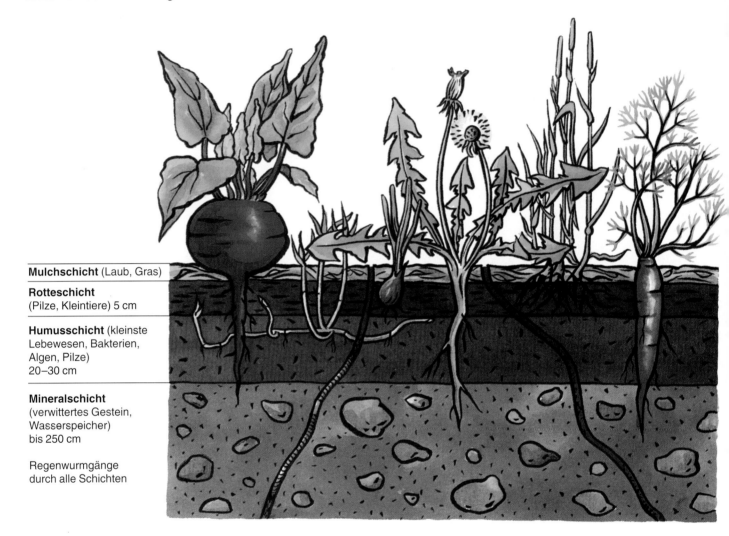

Mulchschicht (Laub, Gras)

Rotteschicht
(Pilze, Kleintiere) 5 cm

Humusschicht (kleinste Lebewesen, Bakterien, Algen, Pilze)
20–30 cm

Mineralschicht
(verwittertes Gestein, Wasserspeicher)
bis 250 cm

Regenwurmgänge durch alle Schichten

- Untersuche Sand, Lehm und Gartenerde und beantworte folgende Fragen! Halte deine Beobachtungen in einer Tabelle fest!
    - Lässt sich die Bodenprobe kneten und formen?
    - Sind deine Hände beschmutzt?
    - Wie fühlt sich die Bodenprobe an?

- Gib in ein Gefäß Sand und in ein zweites Lehm! Gieße etwas Wasser dazu und versuche aus dem Sand und aus dem Lehm eine Form zu kneten!

Vom Kreislauf der Stoffe in der Natur

Humus besteht aus toten, verwesenden Pflanzen und Tieren. Unzählige Bodenlebewesen zerkleinern sie. Wusstest du, dass es in einem Fingerhut voll Gartenboden mehr Lebewesen gibt, als Menschen auf der Erde leben?

Die Bodenlebewesen zerlegen und zersetzen die Reste von Pflanzen und Tieren so lange, bis die Stoffe wieder von den Pflanzenwurzeln als Nahrung aufgenommen werden können: Der Kreislauf schließt sich.

Wachsen und Heranreifen

Vergehen, Laubfall im Herbst

In der Natur

geht nichts verloren

natürliche Ernährung

Verrottung und Humusbildung

Mit dem folgenden Experiment kannst du die Arbeit dieser Bodenlebewesen verfolgen. Beobachte und beschreibe genau.

1. Nimm zwei saubere Gefäße, fülle sie mit feuchter Komposterde.
2. Drücke in der Mitte des einen Gefäßes ein Stück Filterpapier fest. Drücke in die Mitte des zweiten Gefäßes ein Buchenblatt.
3. Decke beide Gefäße mit einer Glasscheibe ab. Deine „Minikomposthaufen" behalten so ihre Feuchtigkeit.
4. Notiere deine Beobachtungen nach einer Woche, nach 14 Tagen und nach drei Wochen. Vergleiche!

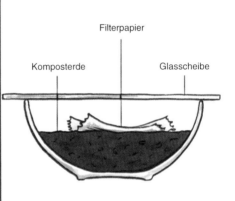

Filterpapier

Komposterde   Glasscheibe

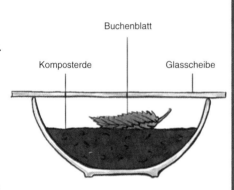

Buchenblatt

Komposterde   Glasscheibe

Diese Umwandlungsprozesse (Verrottung) kannst du auch am Komposthaufen sehr gut beobachten. Das Wort Kompost stammt aus der lateinischen Sprache und bedeutet „Zusammengesetztes". Verschiedenste Materialien werden in den Kompost eingebracht. Am Ende kannst du sie nicht mehr erkennen.

Erdläufer
bis 4 cm

Tausendfüßler
bis 6 cm

Assel
3-19 mm

Springwanze
1-6 mm

Puppe
3-10 mm

Larve
5-20 mm

Regenwurm
2-12 cm

Spinne
2-20 mm

Ameise
4-18 mm

Käfer
bis 4 cm

Milbe
0,3-1 mm

Fadenwurm
0,4-2 mm

Ohrwurm
12-15 mm

Diese Lebewesen kannst du in etwas Komposterde entdecken. Manche Tiere flüchten bei Tageslicht, für andere benötigst du zur Beobachtung eine Lupe.

So legst du einen Komposthaufen richtig an:

Wähle einen schattigen Standort aus!

1. Unten wird eine etwa 20 cm starke Schicht aus Baum- und Heckenschnitt zur Durchlüftung angehäuft.
2. Danach wird abwechselnd nasses und trockenes, grobes und feines Material eingebracht.
3. Zwischen jede Lage streut man eine dünne Schicht Gartenerde oder etwas alten Kompost. Die Rotteprozesse können durch Pflanzenjauchen oder -brühen (von Brennnessel oder Beinwell) beschleunigt werden.
4. Zuoberst muss eine Schicht Erde, Laub oder Heu den Komposthaufen warm halten. In die Deckschicht kommt eine Gießmulde.

● Was gehört auf den Komposthaufen? Notiere! Was darf nicht auf den Komposthaufen geschichtet werden? Begründe!

Mit Feuer

So macht Nico Feuer!

In der freien Natur darf Feuer nur an eigens dafür vorgesehenen Plätzen angezündet werden! Meistens ist die Feuerstelle durch einen Kreis größerer Steine gesichert, damit sich das Feuer nicht weiter ausbreiten kann.

Vorsicht: Funkenflug!

Am besten entzündet sich das Feuer, wenn du in die Mitte Papier legst. Darüber wird dünnes, trockenes Holz geschichtet (Reisig, Holzspäne). Erst jetzt kannst du einige dickere Holzscheite darum herum aufstellen. Aber so, dass das Feuer genügend Luft erhält.

Auch wenn es geregnet hat, kannst du trockenes Holz finden: unter Bäumen, im dichten Unterholz …

Nico, Bastian und Katrin sind unterwegs und wollen ein Lagerfeuer machen. Doch durch den Regen am Nachmittag sind die Zündhölzer nass geworden. „Das wird schwierig", meint Nico, „wenn uns jetzt niemand hilft, …"

Vorsicht!

Beim Hantieren mit Feuer immer einen Eimer voll Wasser, Sand oder eine Feuerdecke zum Löschen bereitstellen!

Katrin fragt: „Wie kommt es eigentlich, dass Feuer brennt?"
Bastian und Nico wissen keine Antwort.
Da ist es gut, dass die Lehrerin im Unterricht „das Feuer" durchnimmt. Sie machen viele Versuche.

Welche Stoffe brennen?		
Stoffe	brennbar	nicht brennbar
Nagel		X
Holzklotz		
Holzspan		
Papier		
Wolle		
Kupferdraht		
Watte		
Wachs		
Glas		
Kork		

und Flamme

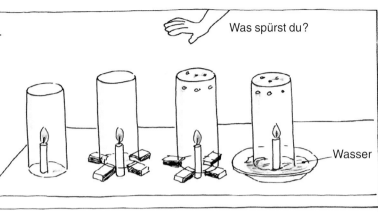

Bastian macht mit einer durchsichtigen Plastikflasche Versuche.
Er stülpt sie auf verschiedene Weise über eine brennende
Kerze:
1. Die Flasche schließt dicht ab.
2. Die Flasche wird auf Streichholzschachteln gestellt.
3. Der obere Rand wird zusätzlich durchbohrt.
4. Die Flasche wird in einen Teller mit Wasser gestellt.

**Wer genau beobachtet und nachdenkt, kann herausfinden,
was Feuer zum Brennen braucht.**

Mit einer Schere könnt ihr den Hals einer Mineralwasserflasche
aus durchsichtigem Plastikmaterial leicht abschneiden.
Wenn ihr einen dicken und langen Nagel über einer Kerze
erhitzt, könnt ihr damit Löcher hineinstoßen.

Was spürst du?

Wasser

Dass sich Papier leicht
entzündet, weiß jeder!
Aber Bastian zeigt euch
einen Trick, bei dem eine
Papierschachtel nicht so
leicht zu brennen beginnt.
Erkläre!

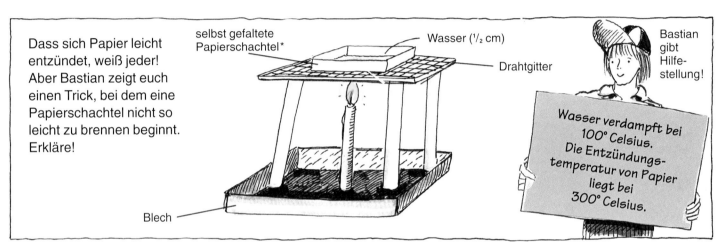

selbst gefaltete
Papierschachtel*

Wasser (¹/₂ cm)

Drahtgitter

Blech

Bastian
gibt
Hilfe-
stellung!

Wasser verdampft bei
100° Celsius.
Die Entzündungs-
temperatur von Papier
liegt bei
300° Celsius.

Was brennt an einer Kerze?

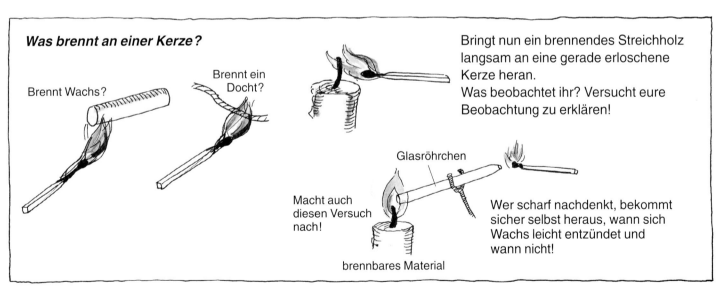

Brennt Wachs?

Brennt ein
Docht?

Macht auch
diesen Versuch
nach!

Glasröhrchen

brennbares Material

Bringt nun ein brennendes Streichholz
langsam an eine gerade erloschene
Kerze heran.
Was beobachtet ihr? Versucht eure
Beobachtung zu erklären!

Wer scharf nachdenkt, bekommt
sicher selbst heraus, wann sich
Wachs leicht entzündet und
wann nicht!

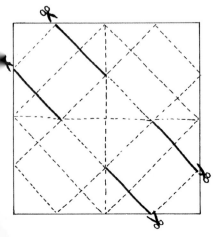

* Um die Papierschachtel zu
erhalten müsst ihr zuvor ein
quadratisches Blatt Papier
so falten und einschneiden.

Das habt ihr nun gelernt!

3 Dinge braucht
das Feuer:

1.

2.

3.

Die Feuerwehr rückt aus

Kinderzimmer brannte aus.

AURICH: Zum Löschen eines Feuers mussten am Sonntag gegen 11.30 Uhr die Feuerwehren aus Aurich und Sandhorst in die Wiesenstraße ausrücken. Dort war im Dachgeschoss eines Einfamilienhauses ein Feuer ausgebrochen. Durch das schnelle Erscheinen der Wehren konnte verhindert werden, dass sich das Feuer auf das gesamte Dachgeschoss ausbreitete. Trotzdem brannte ein Kinderzimmer, in dem vermutlich der Brand ausgebrochen war, vollständig aus. Personen wurden nicht verletzt. Der Gebäudeschaden dürfte bei etwa 70 000 Mark liegen.

Nach den bisherigen Feststellungen der Polizei hatten sich im Kinderzimmer der neun Jahre alte Sohn der Hauseigentümer sowie zwei dreizehn Jahre alte Verwandte aufgehalten. Diese hantierten mit Zündhölzern. Die abgebrannten Hölzer warfen sie in einen Papierkorb, wo sie vermutlich weiterglimmten. Als die Kinder bereits das Zimmer verlassen hatten, entzündete sich der Inhalt des Abfallbehälters und das Unglück nahm seinen Lauf.

Feuerwehrmann Weiß erzählt:

„Das war ein Tag! Ich saß gemütlich in meinem Sessel und las Zeitung, als plötzlich Feueralarm ausgelöst wurde. Sofort eilte ich zum Feuerwehrhaus. Ab in das Löschfahrzeug und schon sausten wir mit Martinshorn und Blaulicht durch die Straßen. Im Wagen wurden wir von unserem Feuerwehrkommandanten über den Brand in der Wiesenstraße informiert. Sieben Minuten nach der Brandmeldung waren wir am Einsatzort. Über dem Dach des Hauses stand eine dichte Rauchwolke. Vereinzelt sah man Flammen. Jeder wusste, was er zu tun hatte. Jeder Handgriff saß. Ich ergriff ein Strahlrohr, verkuppelte es mit dem schon ausgerollten Schlauch und bestieg den Korb unserer Drehleiter, die unser Fahrer sofort ausfuhr. Und meine Kameraden? Während die einen weitere Schläuche ausrollten, zusammenkuppelten und an einen Hydranten anschlossen, drangen die anderen mit schweren Atemschutzgeräten durchs Haus zum Brandherd vor. Zum Glück befanden sich keine Bewohner mehr im Haus. Auf das Kommando „Wasser – marsch!" schoss das Wasser durch die Rohre in die Flammen. Nach etwa 15 Minuten war der Brand unter Kontrolle. Personen waren Gott sei Dank nicht verletzt, aber der Sachschaden dürfte beinahe 100 000 Mark erreichen."

Feuerwehrspind

Helm

Strahlrohr

Schlauchkupplung

Atemschutzgerät

Schlauch

Schulterschutz

Schutzanzug

Ventile

Handy

Sprechfunkgerät

Stiefel mit Stahlkappe

Digitaler Meldeempfänger

Durch Unachtsamkeit und Leichtsinn entstehen viele Brände!

Die Feuerwehren retten-löschen-bergen-schützen

Keine heiße Asche in Mülltonnen einfüllen!

Vorsicht!
Fassen Sie keine elektrischen Geräte und Steckverbindungen an, während Sie im Wasser sind oder auf nassem Boden stehen, besonders wenn Geräte oder Anschlussleitungen schadhaft sind.
Technische Werke der Stadt Karlsruhe

Vorsicht Feuergefahr

1,2 Meter vor dem Schild und 1,7 Meter nach rechts ist ein Hydrant mit einem Anschluss von 100 mm Durchmesser.

H 100 | 1,7 | 1 2

Feuermelder · Scheibe einschlagen

- Wie verhältst du dich, wenn du als Erster einen Brand entdeckst?
- Wo befindet sich der nächste Feuermelder? Schreibe auf, wie er funktioniert!
- Wie heißt die Telefonnummer der Feuerwehr?
- Macht bei der Feuerwehr einen Besuch!
- Fragt nach: Wie kann man Feuer noch löschen?
- Welche Fluchtwege müsst ihr bei einem Brand von eurem Klassenzimmer aus benützen?
- Wo befindet sich euer Sammelplatz vor der Schule?

Nicht jedes Feuer löscht man mit Wasser!

Viele Brände lassen sich mit Wasser löschen. Wasser kühlt ab und entzieht Sauerstoff. Jede Gemeinde muss über genügend große Löschwasserreserven verfügen.

Schaum verhindert die Zufuhr von Sauerstoff und sorgt gleichzeitig für eine Abkühlung der brennenden Stoffe unter die Entzündungstemperatur.

Brennende Flüssigkeiten, die leichter als Wasser sind, dürfen nicht mit Wasser gelöscht werden. Fett, Öl und Benzin würden auf dem Wasser schwimmen und weiterbrennen.

Brände, die durch defekte elektrische Geräte entstehen, dürfen nicht mit Wasser gelöscht werden. Es besteht die Gefahr eines Kurzschlusses.

Hab' ich einen Brand!

Die Menschen der Steinzeit verwendeten das Feuer als Licht, das man in der Nacht oder tief in Höhlen mit sich herumtragen kann. Ein brennender Kienspan oder eine Harzfackel machte die Dunkelheit hell und die Menschen verloren ihre Angst vor der Finsternis. Auch abends konnten sie sich nun noch lange um ein Feuer versammeln, sich wärmen und Geschichten erzählen. Besonders in den kalten Jahreszeiten scharten sich die Menschen um das wärmende Feuer, denn sie waren nackt oder hatten lediglich Tierfelle um sich gelegt. Wie dankbar mögen kleine Kinder, Greise und Kranke für diese Wärme gewesen sein?

Die Menschen fürchteten das Feuer nicht. Sie nahmen brennende Äste in die Hand.
Wilde Tiere, die viel stärker, schneller und flinker sind als die Menschen, bekamen Angst vor ihnen und ihrem Feuer.

Die Menschen entdeckten, dass man mit Hilfe des Feuers kochen, backen und räuchern kann. So änderten sie ihre Lebensgewohnheiten. Die Ernährung wurde abwechslungsreicher und die Menschen mussten nicht mehr so hungern wie früher.

Das Feuer war kostbar. Allzu leicht ging es aus, sei es, weil das Holz heruntergebrannt war oder weil es regnete. Die Menschen trugen es auf ihren Wanderungen mit sich und schützten es mit Fellen – bis sie schließlich entdeckten, wie man es immer wieder neu entzünden kann. Trockenes Material (Baumpilze, Moos, Laub) wurde durch Funken von aneinander geschlagenen Feuersteinen in Brand gesetzt. Starkes Reiben mit Hilfe eines Feuerbogens konnte auch genügend Hitze erzeugen.

Doch der Fortschritt, den das Feuer brachte, fand noch lange kein Ende.
Schon früh brannten die Menschen Tongefäße, schmolzen Metalle und schmiedeten Werkzeuge, Waffen und Geräte für den Ackerbau.
Heute ist das Feuer nicht mehr so wichtig für das tägliche Leben wie früher. Viele schöne Bräuche erinnern aber an die vielen Jahrtausende, in denen das Feuer den Menschen Licht, Wärme und Schutz bot.

- Welche Bräuche kennst du, bei denen das Feuer eine Rolle spielt?

- Zu Ostern, am Johannistag, dem 24. Juni, oder an der Sommersonnenwende, am 21. Juni, entzünden auch heute noch junge Leute ein großes Feuer.

● Wofür brauchen wir heutzutage
  noch Feuer? Erzähle!

● Versuche es selbst:
  Fülle ein solches Glasrohr (gibt es
  in der Schule) mit Wasser.
  Gib etwas Färbemittel hinzu
  (frage deine Lehrerin
  oder deinen Lehrer
  danach).
  Halte das Rohr über
  eine Kerze.
  Erzähle, was du beobachtest.

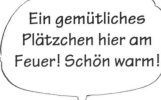

> Ein gemütliches
> Plätzchen hier am
> Feuer! Schön warm!

Die Warmwasserheizung –
ein Ofen heizt das ganze Haus

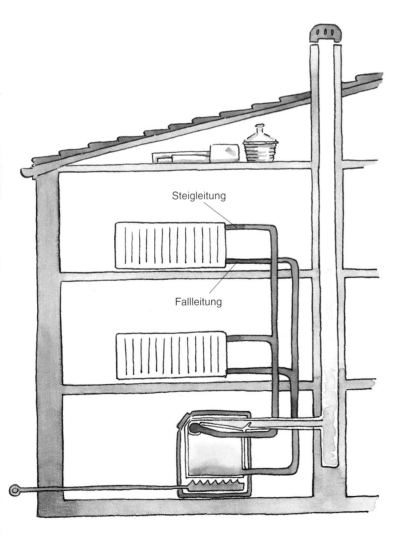

Steigleitung

Fallleitung

Viele Häuser sind mit einem eigenen Heizungs-
system ausgestattet. Im Keller steht ein Heizkessel,
in dem kaltes Wasser durch Verbrennung von Öl,
Gas oder Kohle erhitzt wird. Das warme Wasser
strömt durch eine Steigleitung nach oben in die
Heizkörper der einzelnen Zimmer. Nach der Wär-
meabgabe an die Zimmerluft fließt das abgekühlte
Wasser zurück durch die Fallleitung und wird vom
Heizkessel wieder neu erwärmt.

● Gibt es bei euch zwar Heizkörper, aber keinen
  Heizkessel im Keller? Dann wird sicher mit
  Fernwärme geheizt. Erkundigt euch.

● Es gibt noch andere Möglichkeiten zu heizen:
  mit Elektrizität (Nachtspeicher), Gas-Etagen-
  Öfen usw. Fragt bei einem Heizungsfachmann
  nach.

Wie viel „Energie" braucht der Mensch?

Träume der Menschheit:

– ein Feuer, das ewig brennt ohne dass
   Holz oder andere Brennstoffe nach-
   gelegt werden müssten;

– eine Maschine, die immer läuft und für
   uns arbeitet ohne dass sie neue
   Energie von außen erhält.

Unter Energie versteht man die Kraft, die gebraucht wird um Arbeit zu verrichten.

Das Wort „Energie" hat jedoch verschiedene Bedeutungen:

Willenskraft: Manche Menschen sind sehr energisch, sie setzen sich mit Entschiedenheit für etwas ein, was ihnen wichtig erscheint. Man sagt auch: Sie sind „energiegeladen".

Körperkraft: Nico schiebt einen Schubkarren und kommt dabei gewaltig ins Schwitzen. Bald hat er keine Kraft mehr. Deshalb macht Nico eine Pause und nimmt eine kräftige Mahlzeit zu sich. Über die Nahrung erhält sein Körper neue Energie, die man auch mit „Kalorien" oder „Joule" messen kann. Auf vielen Verpackungen steht, wie viele Kalorien (cal) oder Joule (J) die Lebensmittel haben. Sieh nach!

Maschinenkraft: Die Menschen nahmen im Laufe ihrer Geschichte immer mehr fremde Energie in ihre Dienste, die für sie die Arbeit verrichten sollten,
– Holz um Feuer zu machen,
– Wasser um Mühlräder zu bewegen,
– Wind um Windmühlen zu betreiben,
– Kohle um Dampfmaschinen anzutreiben,
– Erdöl und Uran um elektrischen Strom zu erzeugen für Maschinen und Beleuchtung.

Lege dir eine Liste an:

Energieverbraucher	Energiequellen
Auto	Benzin (Öl)
Glühbirne	elektrischer Strom
warmes Wasser	…
…	…
…	…

Wasser
kalt   warm

90°

Kohle

Jahrtausende lang verbrauchten die Menschen nur wenig
Energie, der Einzelne täglich etwa 2000 Kalorien.
So leben auch heute noch viele Menschen in den armen
Ländern der Erde.
In reichen Ländern verbraucht heute jeder Mensch täglich etwa
220 000 Kalorien für Heizung, Auto, Eisenbahn, Fernseher,
Kühlschrank, Maschinen, Flugzeuge, Computer usw.
Für diese Luxusgüter reichen die Vorräte an nutzbarer Energie nicht mehr
lange aus und die Umweltbelastungen werden immer größer.
(Weißt du, wie das „Ozonloch" entsteht?)
Wissenschaftler suchen daher nach Energiequellen, die umweltverträglich sind
und nie versiegen.

● Was versteht man unter „erneuerbarer Energie"?

● Fragt Fachleute nach den Vorteilen und Nachteilen der verschiedenen Energiearten!

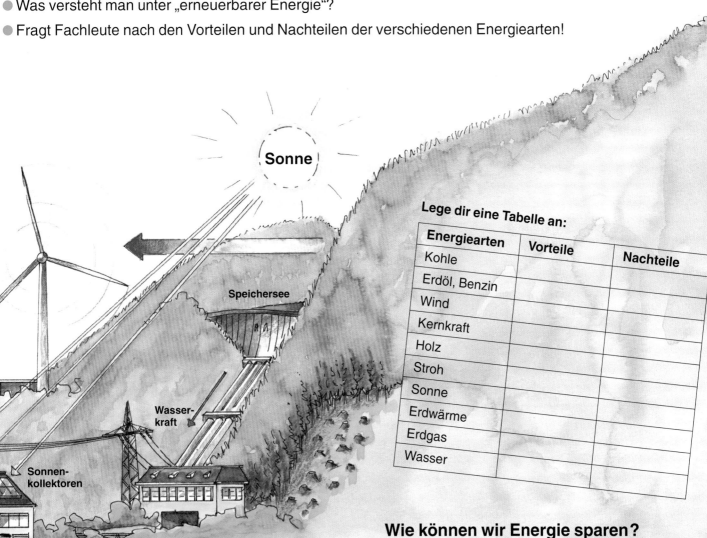

Lege dir eine Tabelle an:

Energiearten	Vorteile	Nachteile
Kohle		
Erdöl, Benzin		
Wind		
Kernkraft		
Holz		
Stroh		
Sonne		
Erdwärme		
Erdgas		
Wasser		

Wie können wir Energie sparen?

Fahrgemein-
schaften bilden!

Zu Fuß gehen!

Mit Bahn und
Bus fahren!

Nicht so viel
warmes Wasser
verbrauchen!

Die Zimmer-
temperatur
zurückdrehen!

Autos mit
geringem Benzin-
verbrauch kaufen!

Sich auf die
faule Haut
legen!

Nicht unnötig
das Licht
brennen lassen!

Kühlschrank
regelmäßig
abtauen!

Könnt ihr ein Lämpchen zum Leuchten bringen?

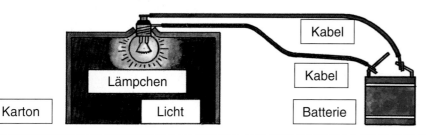

Kabel

Kabel

Batterie

Lämpchen

Licht

Karton

Die Zeichnung nebenan zeigt euch, wie ihr einen Stromkreis im Modell nachbauen könnt. Eure Lehrerin oder euer Lehrer helfen euch.

Glühlämpchen leuchtet nicht.

 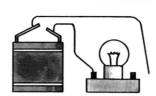 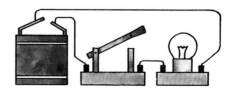

Der Stromkreis ist offen.

Glühlämpchen leuchtet.

 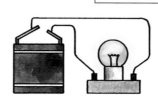 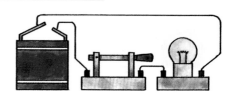

Der Stromkreis ist geschlossen.

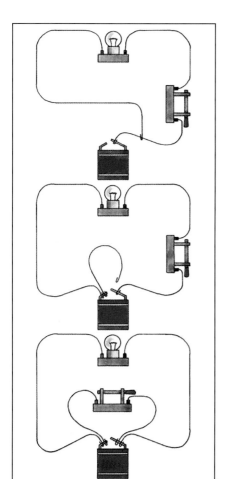

Wann leuchtet die Taschenlampe?

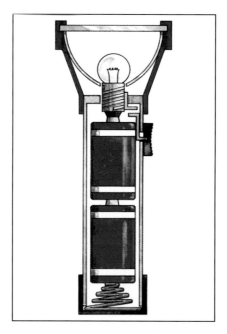

1 = Gehäuse
2 = Scheinwerfer
3 = Glühbirne
4 = Batterie
5 = Deckelverschraubung
6 = Schalter

Die Taschenlampe leuchtet, wenn die Teile richtig zusammengesetzt sind. Übe!

Erkläre, wie bei der Taschenlampe der Strom fließt!

● Du kannst auf der Zeichnung zeigen, wo es einen Kurzschluss gegeben hat. Erkläre deine Meinung!

elektrischem Strom

Elektrischer Strom ist ⚡ lebensgefährlich.

⚡ **Nie elektrische Geräte oder Leitungen mit Wasser in Berührung bringen!**

⚡ **Nie an Steckdosen herumspielen!**

⚡ **Nie mit defekten Geräten oder Leitungen arbeiten!**

⚡ **Von Hochspannungsleitungen fernbleiben! Nie in ihrer Nähe Drachen steigen lassen!**

Hochspannung Vorsicht! Lebensgefahr

Müll oder Wertstoff

So sieht mancher Schulhof nach der Pause aus!

Papier | Verpackung | Aluminium | organische Abfälle | Sonderabfälle | Restmüll | andere Wertstoffe

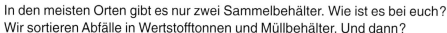

In den meisten Orten gibt es nur zwei Sammelbehälter. Wie ist es bei euch?
Wir sortieren Abfälle in Wertstofftonnen und Müllbehälter. Und dann?

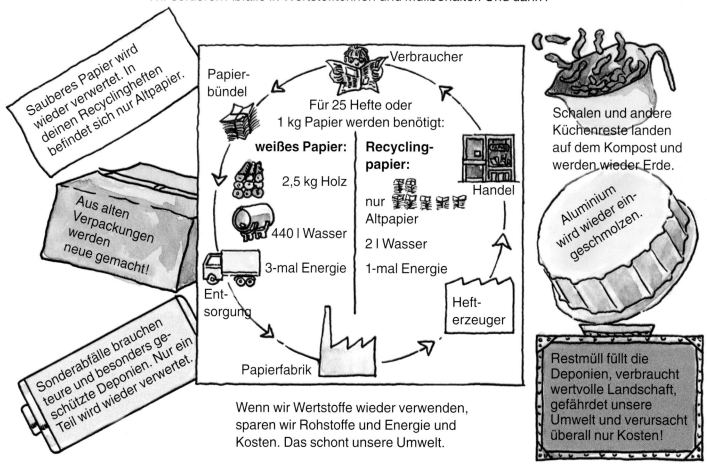

Sauberes Papier wird wieder verwertet. In deinen Recyclingheften befindet sich nur Altpapier.

Aus alten Verpackungen werden neue gemacht!

Sonderabfälle brauchen teure und besonders geschützte Deponien. Nur ein Teil wird wieder verwertet.

Verbraucher

Papierbündel

Für 25 Hefte oder
1 kg Papier werden benötigt:

weißes Papier:

2,5 kg Holz

440 l Wasser

3-mal Energie

Recyclingpapier:

nur Altpapier

2 l Wasser

1-mal Energie

Handel

Entsorgung

Hefterzeuger

Papierfabrik

Wenn wir Wertstoffe wieder verwenden, sparen wir Rohstoffe und Energie und Kosten. Das schont unsere Umwelt.

Schalen und andere Küchenreste landen auf dem Kompost und werden wieder Erde.

Aluminium wird wieder eingeschmolzen.

Restmüll füllt die Deponien, verbraucht wertvolle Landschaft, gefährdet unsere Umwelt und verursacht überall nur Kosten!

● Wir richten einen Müllsammeldienst für die Pausen ein!
● Klassenabfälle sammeln, wiegen und sortieren!
● Unser Restmüll wird immer weniger!

Müllfreie Schule

Müll vermeiden ist besser als Müll sortieren!

Welche Gegenstände verursachen viel
Müll und welche helfen Müll zu vermeiden?
Schau dir die Sachen ganau an!

Filzstifte
Brotdose
Jutetasche
Butterbrotpapier
Kolbenfüller
Trinkflasche
Füllerpatrone
Trinkpäckchen
Wachsstifte mit Plastikhüllen
Papierumschlag
Buntstifte
Wachsstifte in Papier
Plastikumschlag
Kleber in Verpackung

Viel Müll

Wenig Müll

Derzeit erzeugt jeder Mensch unseres Landes 375 kg Müll jährlich.

Würde man allen Müll auf eine Deponie schütten, so entstünde jedes Jahr ein Berg so hoch wie unser höchster Berg, die Zugspitze mit fast 3000 Metern. Für allen Müll entstehen Kosten bei der Müllentsorgung. Auch eure Eltern bezahlen dafür. Kennt ihr den Betrag?

Wer beim Einkaufen richtig auswählt, kann Müll vermeiden. Doppelte Verpackungen ergeben überflüssigen Müll. Gegenstände aus Holz können verrotten, Plastikgegenstände vergrößern den Müllberg.

Pfandflaschen werden wieder gefüllt, Einwegflaschen und Dosen müssen verarbeitet werden.

Sei kein Müllmuffel! Vermeide Müll!

Von 10 Eimern Hausmüll sind:

3 Eimer	3 Eimer	1 Eimer	1 Eimer	2 Eimer
Küchen- und Gartenabfälle	Papier und Pappe	Glas	Kunststoff Glas	Restmüll und Textilien- und Verbundstoffe

● Kontrolliert eure Schultaschen!
  Wer hat den Ranzen mit den umweltfreundlichsten Schulsachen?

● Schafft ihr eine müllfreie Klasse? Schafft ihr eine müllfreie Schule?

Wir machen eine Schülerzeitung

„Können wir eine Schülerzeitung herausgeben?", möchte Julia wissen. „Wenn ihr bereit seid regelmäßig daran zu arbeiten, ist das sicher möglich", antwortet die Lehrerin. „Wir berufen dann gleich unsere erste Redaktionssitzung ein", schlägt Julia vor.

Die Kinder setzen sich in einem Kreis zusammen
und schlagen Arbeitsaufgaben für die Schülerzeitung vor:

- der Comic der Woche
- Witze der Woche
- das aktuelle Interview
- Rätsel der Woche
- Büchertipp
- T...

Sie verteilen die Aufgaben. Bastian kann gut zeichnen und macht den Comic der Woche. Steffi gestaltet das Titelblatt. Tina schreibt gerne Fantasiegeschichten. Auf der zweiten Seite werden alle Namen der Kinder aufgeführt, die an der Zeitung mitarbeiten. Das aktuelle Interview macht eine Gruppe mit Kindern der 5. Klasse der benachbarten Hauptschule. Für das Lehrerporträt wählt eine andere Gruppe die Rektorin der Schule aus. Die Rektorin erzählt ihnen von ihrem ersten Schultag und dass sie damals sehr aufgeregt war. Sie berichtet auch, was zu ihren Aufgaben in der Schule gehört.

Die vorgeschriebenen Texte besprechen die Kinder in kleinen Gruppen. Sie geben sich gegenseitig Überarbeitungstipps oder schlagen im Wörterbuch nach, wenn sie nicht wissen, wie ein Wort geschrieben wird. Häufig suchen sie in Sachbüchern nach weiteren Informationen, wenn sie über etwas berichten.

❖ Wie soll eure Zeitung heißen?

❖ Was soll die Zeitung kosten?
 Denkt daran: Der Preis muss auch von anderen Schülern vom Taschengeld zu bezahlen sein.

❖ Welche Themenbereiche soll eure Zeitung haben?

❖ Wer übernimmt die einzelnen Bereiche? Wer macht das Titelblatt? Wer macht den Comic der Woche? Wer …

❖ Habt ihr für eure Textproduktion einen Computer, eine Schreibmaschine oder Lettern zum Zusammensetzen zur Verfügung?

❖ Wer hat eine schöne Handschrift? Texte, die mit der Hand geschrieben werden, sollten mit einem schwarzen Fine-Liner auf unliniertem Papier geschrieben werden. Bei einer Vervielfältigung sind sie dann gut zu erkennen.

❖ Wer kann gut zeichnen? Achtet bei der Seitengestaltung auf eine Kombination von Zeichnung und Text.

❖ Welche Auflage soll eure Zeitung haben?

❖ Wer druckt die Zeitung?

❖ Wo werden die fertigen Seiten gesammelt?

❖ Wer bringt die Seiten zur Druckerei?

Anschließend schreiben die Kinder ihre Texte.
Die Zeichnungen werden zuerst mit einem Bleistift angefertigt und anschließend mit einem schwarzen Stift nachgezeichnet. Sie dürfen nicht farbig ausgemalt werden, weil sie so nicht vervielfältigt werden können.

Als am Ende der Woche alle Seiten fertig sind, treffen sich die Kinder zu einer Redaktionskonferenz und legen die Reihenfolge der Seiten fest. Nun bringen einige Kinder die Seiten zur Druckerei der nahe gelegenen Gesamtschule. „Unsere Lehrerin sagte, dass die Zeitung eine Auflage von 100 Exemplaren haben soll", verkündet Julia stolz.
„Welche Farbe soll das Titelblatt haben?", fragt die Druckerin.
„Rot", sagt Julia ganz verdutzt. Darüber haben die Kinder gar nicht gesprochen. „Die anderen sind sicher damit einverstanden."
Am Dienstag können die fertigen Exemplare abgeholt werden.

> Die KiWi-Redaktion stellt euch heute eine Schülerin aus der Klasse 4a vor:
>
> Rania O... erzählt:
>
> Ich war noch klein, als wir nach Deutschland kamen und kann mich kaum noch an meine Heimat erinnern. Ich bin in Beirut, das ist eine Stadt im Libanon, geboren. Papa, Mama und meine 7 Geschwister sind jetzt schon viel

❖ Gibt es einen Redaktionsleiter oder eine Redaktionsleiterin?

Jedes Kind der Klasse kauft ein Exemplar der KiWi. Die anderen Exemplare verkauft eine Gruppe in den Pausen.
Doch zunächst wird erst einmal in der eigenen Zeitung gelesen.
Die Zeichnungen kann jeder mit seinen Farbstiften ausmalen.

❖ Wann und wo verkauft ihr eure Schülerzeitung?

❖ Wer verwaltet das Geld?

❖ Für welchen Zweck wird es ausgegeben?

Auszug aus dem Wörterbuch:

● Schreibt die Wörter auf, die ihr nicht versteht.

● Schlagt im Wörterbuch nach und schreibt die Bedeutung auf.

Impressum	Im Impressum stehen alle Namen der Mitarbeiter an einer Zeitung.
Layout	Gestaltung von Bild und Text
Bericht	Ein Bericht ist eine knappe sachliche Mitteilung über ein Ereignis.
Kommentar	In einem Kommentar gibt ein Mitarbeiter einer Zeitung seine eigene Meinung zu einer Sachlage bekannt.
Interview	

Werbung für die Schülerzeitung

„Jetzt müssen wir unsere Zeitung nur noch verkaufen", sagt Nico. „Kein Problem", meint Katrin, „wir brauchen nur noch dafür zu werben." „So einfach ist das auch wieder nicht", erklärt die Lehrerin, „es lohnt sich, dass wir uns mit dem Thema ein wenig näher beschäftigen."

Ein Trickfilm kommt bei Kindern immer gut an!

Die Verpackung muss alle Leute ansprechen.

Irgend einen fetzigen Spruch müssen wir finden!

WIE WERBUNG GEMACHT WIRD:

Die Firma Schleck und Beiß hat einen neuen Schoko-Knusper-Riegel herausgebracht. Damit möglichst bald viele Leute das neue Produkt kennen und kaufen, muss Werbung gemacht werden.

Eine Werbeagentur erhält den Auftrag einen werbewirksamen Namen zu finden, eine verlockende Verpackung zu entwerfen und weitere Werbemaßnahmen zu planen.

Ein Grafiker und ein Texter machen sich an die Arbeit. Marktforscher beraten den Hersteller und die Werbefachleute.

Gemeinsam überlegen sie:

❖ Wer soll in der Werbung besonders angesprochen werden?

❖ Wie kann das neue Produkt am besten bekannt gemacht werden?

❖ Mit welchen Bildern oder Personen kann wirkungsvoll geworben werden?

❖ Womit kann erreicht werden, dass der neue Schokoriegel mehr als andere ähnliche Produkte gekauft wird?

Also auf 'nen Tarzan mit Schokoriegel würde jeder schauen!

Den hat schon die Konkurrenz!

Wie wär's mit Boris Becker?

Toll, aber viel zu teuer!

Der Name

Die Anzeige

Der Fernsehspot

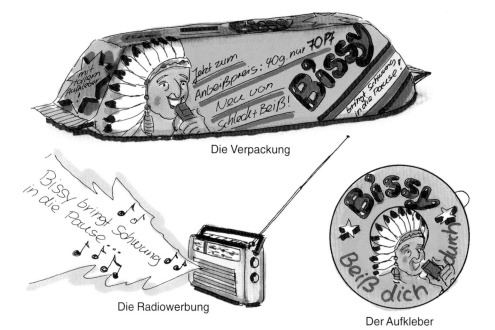

Die Verpackung

Die Radiowerbung

Der Aufkleber

SCHON WINNETOU MUSSTE SICH DURCH-BEISSEN!

Bissy bringt Schwung in die Bude!

So sieht der Schokoriegel der Firma Billig aus.
Vergleicht „Bissy" und „Schokonuss"!
Was würdest du kaufen?

Firma Billig verzichtet auf eine aufwendige Verpackung und teure Werbemaßnahmen. Das kommt den Käufern zugute. „Schokonuss" muss deswegen nicht schlechter schmecken als „Bissy", obwohl manche Leute meinen, dass nur teure Dinge wirklich gut sein können.

Nachdem sich die Kinder darüber informiert haben, wie Werbung gemacht wird, haben sie das folgende Plakat in der Schule aufgehängt.

- Schau dir das Plakat genau an. Was haben sich die Kinder dabei gedacht, dass sie es so und nicht anders gestaltet haben?
- Überlegt weitere Werbemaßnahmen für die KiWi.
- Erfindet ähnliche Reime wie „Auf dem Hocker, auf dem Baum …", z. B. „Auf dem Sofa, auf dem Bett – In der Pause auf dem Hof – Beim Frühstück und beim Mittagessen …"

Werbe-Chinesisch

Werbeagentur	Grafiker/Grafikerin	
Produkt	Marktforscher/-forscherin	
Slogan	Spot	Texter/Texterin
Werbeetat		

- will herausfinden, wer welche Schokoriegel wann, warum und wie oft isst.
- kurzer Film für die Werbung im Fernsehen.
- Unternehmen, das für andere Unternehmen Werbung macht.
- das Geld, das in einem Jahr für Anzeigen, Spots und andere Werbemittel eines bestimmten Produkts ausgegeben werden soll.
- sorgt für das richtige Aussehen der Werbung.
- eine Sache, die du kaufen kannst, auch Ware genannt.
- Schlagwort für Werbesprüche.
- erfindet so gute Sprüche, dass du sie nie vergisst.

- Findet heraus, welche Beschreibung zu welchem Begriff passt.

Bereitet euch deshalb besonders gut auf die Radfahrprüfung vor!

FAHRRAD FANS FAHREN AUF NUMMER SICHER!

Die Polizei teilt mit,

dass die schuldhafte Beteiligung an Radfahrunfällen bei den ausgebildeten Kindern geringer war als bei den unausgebildeten.

In einer Jugend-verkehrsschule

Die Kinder üben das gefahrenträchtige Ausfahren aus Grundstücken. (A)

Abstand halten heißt hier die Parole. (B)

Nicht einfach Handzeichen geben ohne sich vorher umzuschauen. (C)

Nur sich umschauen genügt auch nicht … (D)

So ist's richtig. (E)

Schwierige Situation: Wer hat hier Vorfahrt? (F)

Diese Klasse übt in einer **Jugendverkehrsschule.** Vielleicht ist auch in eurer näheren Umgebung eine dieser Schulen. Wenn ihr einen geeigneten Schulhof habt, dann kommen die Polizisten auch zu euch und helfen euch beim Lernen und Üben.

88 Lernziel: Vorbeifahren am Hindernis (G)

Üben des Linksabbiegens hilft einer Hauptunfallursache vorbeugen. (H)

Vorfahrtsregeln beachten

Findet ihr das Bild, auf dem die Kinder in der Jugendverkehrsschule „Wer hat Vorfahrt" üben?

Sich mit anderen verständigen

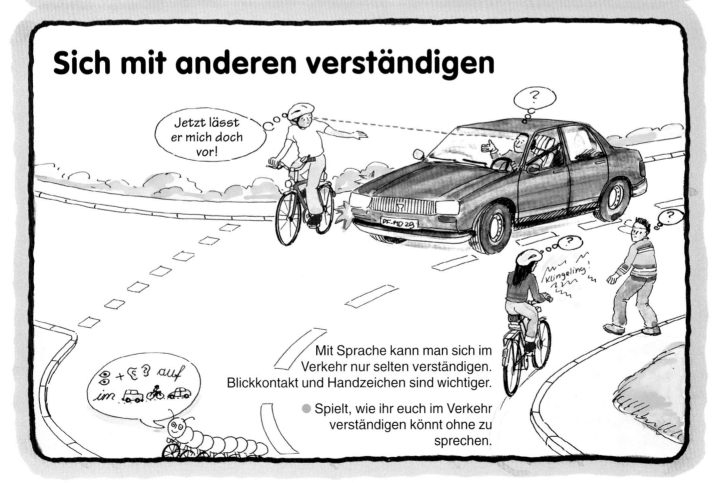

Jetzt lässt er mich doch vor!

Mit Sprache kann man sich im Verkehr nur selten verständigen. Blickkontakt und Handzeichen sind wichtiger.

● Spielt, wie ihr euch im Verkehr verständigen könnt ohne zu sprechen.

Fahrradfans steigen ab, wenn es brenzlig wird!

Im Straßenverkehr treten häufig Gefahrensituationen auf, für die ihr selbst nichts könnt. Schuld daran sind häufig schlechte **Witterungsverhältnisse** (Regen, Schnee, Glatteis), der Straßenzustand (Schlaglöcher, Rollsplitt, Verschmutzung bei Baustellen, Herbstlaub, Straßenbahnschienen, Kopfsteinpflaster) und falsches, verkehrswidriges Verhalten anderer Verkehrsteilnehmer.

Fahrradfans rechnen immer mit Fehlern der anderen!

Viele lebensgefährliche Situationen entstehen aber auch durch leichtsinniges, **selbst verschuldetes Verhalten.** Auf diesen beiden Seiten findet ihr Fotos, auf denen gefährliche Situationen abgebildet sind.

● Legt in eurem Heft eine Tabelle an und ordnet die Bild-Nummern entsprechend ein.

Gefahrenursache	Bild-Nummer
Witterung	
Straßenzustand	
Verkehrswidriges Verhalten anderer	
Selbst verschuldetes Verhalten	

● Manche Nummern könnt ihr mehrfach zuordnen! Begründet das!

①

②

③

④

⑤

⑥

⑧

⑦

Fährst du mit dem Rad im Dunkeln, lass es nach allen Seiten funkeln!

⑨

● Probiert mal auf dem Schulhof aus, wie lang euer Bremsweg bei verschiedenen Geschwindigkeiten, bei Trockenheit, bei Nässe ist!

Probier es mal mit der Stotterbremse!

Hinein in die Ferien – aber bitte ohne Unfall!

Endlich Ferien!

Die Schülerinnen und Schüler der 4. Klasse stürmen mit einem Jubelschrei aus dem Schulhaus hinaus. Alle toben hinüber zur Haltestelle des Schulbusses. Das Gedränge und Geschubse um den ersten Platz, gleich vorn beim Fahrer, beginnt wie immer, schon bevor der Schulbus überhaupt zu sehen ist.

Wichtige Notfallnummern:

- Schwerste Erkrankungen, Hilfe schnellstmöglich erforderlich (Verkehrsunfälle, Verbrennungen, Vergiftungen) **112**

- Schwere Erkrankungen, Hilfe sofort erforderlich (Asthmaanfall, Herzinfarkt, Luftnot, Herzstillstand, häusliche Unfälle) **112**

- Mittelschwere Erkrankungen, Hilfe rasch, aber nicht sofort erforderlich (hohes Fieber, starke Schmerzen) Hausarzt Arztrufzentrale

Deine Entscheidung einen Notruf auszulösen kann lebensrettend sein. Denke immer daran!

Plötzlich wird es ganz still, das Lachen verstummt. Alle schauen erschrocken auf die Straße. Dort quietschen Reifen, Glas splittert und ein Motorrad liegt am Boden – ein Verkehrsunfall ist passiert. Franziska und Juliane fassen sich zuerst. Sie laufen zur Telefonzelle neben der Haltestelle, wählen die Nummer **112** und geben eine Notfallmeldung durch.

Inzwischen ist an der Unfallstelle ein Verkehrsstau entstanden. Die „Jungen Sanitäter" unserer Klasse helfen, wie sie es in der Ausbildung gelernt haben.
Gemeinsam mit anderen Personen **sichern** sie die Unfallstelle, bis der Rettungswagen eintrifft. Ihr richtiges und umsichtiges Verhalten wird vom Notarztteam gelobt.

Für eine Notfallmeldung sind folgende Angaben wichtig:

1. **Was** ist passiert?

2. **Wo** ist es geschehen?

3. **Wie viele** Personen sind verletzt?

4. Sage **deinen Namen** und lege nie nach einer Notfallmeldung als Erster den Hörer auf!

- Spielt einen Notruf mit allen beteiligten Personen!

- Übt gemeinsam das Anlegen des Dreiecktuchverbandes!

- Sprecht über Gefahren bei falschen Hilfeversuchen!

Die allerletzte Tausendfüßlerseite!

WAS MACHT 999 MAL KLICK UND EINMAL KLACK?

Ein Tausendfüßler mit Holzbein

BEOBACHTUNGSSPIEL

Die Schüler der Klasse stellen sich paarweise auf. Sie haben Zeit sich gegenseitig genau anzuschauen, während der Spielleiter bis 10 zählt.

Dann drehen sie sich um und verändern etwas an ihrem Aussehen. Wenn der Spielleiter wieder bis 10 gezählt hat, drehen sie sich um und versuchen zu erkennen, was sich an ihrem Gegenüber verändert hat. Für richtige Angaben kann man Punkte geben.

In der Schule soll Moritz Tiernamen aufzählen.
„Das Schweinchen, das Pferdchen …", beginnt er.
Da unterbricht ihn die Lehrerin Frau Kurz:
„Lass doch das ‚chen' weg!"
Moritz spricht weiter: „Das Kätzchen, das Hündchen …"
„Das ‚chen' sollst du weglassen!"
Darauf sagt Moritz:
„Das Kanin!"

Am ersten Schultag
fragt der neue Lehrer die Kinder nach ihren Namen.
„Ich heiße Sepp", antwortet der Erste.
„Das heißt doch nicht Sepp, sondern Josef!", verbessert der Lehrer.
„Ich bin der Hannes", sagt das zweite Kind.
„Das heißt nicht Hannes, sondern Johannes!", berichtigt der Lehrer.
Nun kommt Kurt an die Reihe:
„Bis jetzt haben mich alle Kurt genannt. Aber für Sie bin ich bestimmt der Jokurt!"

Eine Maus, ein Frosch und ein Tausendfüßler haben sich in einem Lokal zum Essen verabredet.
Die Maus und der Frosch warten schon eine halbe Stunde, als der Tausendfüßler endlich kommt.
„Was war denn los?", fragt der Frosch.
„Ach", seufzt der Tausendfüßler erschöpft, „ich stehe schon eine halbe Stunde vor der Türe! Draußen hängt ein Schild: Bitte Füße abstreifen!"

Eine Tausendfüßler-Mutter zu ihrem Sohn: „So geht das aber nicht, mein Lieber! Wenn ich Füßewaschen sage, dann meine ich alle und nicht nur 999!"

Warum fliegt ein Vogel im Winter in den Süden?

Weil es zum Laufen zu weit ist!

WARUM STEHT EIN FLAMINGO AUF EINEM BEIN?

Wenn er das andere Bein auch noch einzieht, fällt er auf den Schnabel!

SCHÜTZT DIE GUMMIBÄRCHEN – KEIN VERZEHR MEHR!

Beeilt euch, Kinder, das Essen wird sonst morsch!

Ich bin schwer auf Draht!

Bildnachweis

Adam Opel AG, Rüsselsheim   S. 27 (1,2,3)
Aktion Jugendschutz, Landesarbeitsstelle Baden-Württemberg, Stuttgart   S. 44/45
Amt für Öffentlichkeitsarbeit der Landeshauptstadt Wiesbaden   S. 28 (1,2)
Angermayer Toni, Holzkirchen   S. 62
Auer Verlag, Donauwörth   S. 24 (3)
Balke-Becker Kerstin   S. 67 (6)
Besucherbergwerk „Grube Fortuna", Wetzlar   S. 9 (2)
Bioland e.V., Göppingen   S. 64 (1, 2, 4)
Birzele Herbert, Nördlingen   S. 6, 89, 90, 91 (1-4)
Dettmering Erhart, Marburg   S. 20 (1,2)
Edersee Tourist Information, Waldeck   S. 16 (3,4,5)
Feuerwehr der Stadt Karlsruhe   S. 74/75
Flughafen Frankfurt/Main AG   S. 26 (2), Titel (2)
Fotoagentur Helga Lach, Frankfurt   S. 55 (1), 67 (2)
Freitzeitregion Lahn-Dill e. V., Wetzlar   S. 9 (1,3,4)
Fremdenverkehrsverband Main + Taunus, Bad Homburg   S. 14 (4)
Fremdenverkehrsverband Werra-Meißner-Land, Witzenhausen   S. 13 (1), 15 (1), 19 (4)
Hahn Otto, Bopfingen   S. 63 (3, 4, 7, 8)
Happel Ernst, Schotten   S. 22 (1)
Hessisches Landvermessungsamt, Wiesbaden   S. 10 (Kartengrundlage: Topografische Karte 1:50000 (TK 50),
          L 5516 (Wetzlar); Vervielfältigungsnummer 99-1-050)
Hessisches Staatsbad Bad Wildungen   S. 17 (2,3)
Horn Rüdiger, Olpe   S. 14 (2,3), 15 (2), 20 (2), 23 (2), 24 (2), 25 (1), Titel (1,3,4)
Informationszentrale Deutsche Mineralwasser, Bonn   S. 28 (3)
Jugendwerk der Deutschen Shell AG, Hamburg   S. 88
Kassel Service, Gesellschaft für Tourismus und Marketing mbH   S. 18 (1,2,3), 19 (3)
Kinder- und Jugendtheater Frankfurt   S. 25 (2)
Klett-Perthes, Stuttgart Karten   S. U2, 1, 96, U3
Kurverwaltung Bad Orb   S. 15 (3)
Lindemeier M., Eisingen   S. 42 (1, 2)
Mayer Kurt L., Foto+Grafik, Oestrich-Winkel   S. 14 (6)
Metzger Wolfgang, Mühlacker   S. 68, 93
Milchwerke Fulda-Lauterbach eG, Fulda   S. 23 (1)
Moers, Dorsten   S. 84/85
Natur und Umwelt, Bildagentur de Luveland, Norderstedt   S. 65 (5), 66 (1, 3, 4)
Okapia Tierbild, Frankfurt   S. 65 (7, 8)
Partsch Helmut, Wechingen   S. 55 (2), 64 (3)
PreussenElektra AG, Hannover   S. 16 (1,8,9)
Rechel Bernd, Eisingen   S. 42 (3), 43 (1)
Reinhard Tierfoto, Heiligkreuzsteinach   S. 63 (5, 6), 64 (2)
RMV GmbH, Hofheim   S. 26 (Plan)
Roth Reiner, Remchingen-Singen   S. 43 (3)
Rüdel Günther, Großelfingen   S. 90 (1)
Saalburgmuseum, Bad Homburg   S. 29 (1,2,3)
Siner Rolf, Ettlingen   S. 69, 76, 78
Stadtvermessungsamt Frankfurt   S. 4/5 (historischer Frankfurtplan von Christian Ludwig Thomas)
Thyssen Transrapid System GmbH, Kassel   S. 18 (4)
Tiemann Heinz, Herzogenrath   S. 67 (5)
Tourismus+Congress GmbH, Frankfurt am Main   S. 18 (5), 24 (1), 26 (1)
Touristikzentrale Waldeck-Ederbergland e. V., Korbach   S. 14 (1), 16 (2,6,7), 17 (1)
Verkehrspolizeiinspektion Tübingen, Ravensburg   S. 90 (2, 3), 91 (5, 6)
Verkehrsbüro der Schwalm, Schwalmstadt   S. 19 (2)
Welschburger M., Eisingen   S. 48 (2)
Xenieil-Dias, Neuhausen   S. 63 (1, 2)

Quellennachweis:

S. 33:   Bye, bye, liebe Leut'. Text: E. Moers, Musik: trad.
S. 46:   Das Lied von den Gefühlen. Text und Musik: Klaus Hofmann. Pläne Verlag, Dortmund
S. 47:   Astrid Lindgren: Pippi Langstrumpf. Verlag Friedrich Oetinger, Hamburg.